eye

守望者

——

到灯塔去

跨学科

人文学科的诞生、
危机与未来

〔英〕乔·莫兰 著
陈后亮 宁艺阳 译

Joe Moran

南京大学出版社

目　录

致　谢 ……………………………………… i
第二版序 …………………………………… ii
中译本序 …………………………………… iv

导　论 …………………………………… 001
　学科的兴起 ……………………………… 005
　界定跨学科 ……………………………… 016

第一章　跨学科的英文系 ……………… 021
　英文系的诞生 …………………………… 026
　文学、生活与思想 ……………………… 029
　利维斯与大学 …………………………… 036
　英文系的文化工程 ……………………… 041
　美国的英文系 …………………………… 046
　英文系的倾圮 …………………………… 051

第二章　文化中的文学 …… 055
- 奠基性文献 …… 059
- 社会学转向 …… 067
- 日常生活的文化 …… 074
- 阶级与文化资本 …… 078
- 文化价值与知识阶级 …… 084

第三章　理论与学科 …… 091
- 语言学与文学性 …… 095
- 解构哲学 …… 099
- 精神分析、语言与文化 …… 106
- 女性主义与身体 …… 113
- 学科的酷儿化 …… 118
- 作为元学科的理论 …… 122

第四章　历史中的文本 …… 125
- 文学与历史 …… 127
- 马克思主义与文化 …… 138
- 知识与权力 …… 147
- 文本的历史性 …… 151
- 莎士比亚与英国文学 …… 156

第五章　科学、空间与自然 …… 163
- 对经验主义的挑战 …… 167

作为文化的科学 …………………………………… 172
作为文本的地理 …………………………………… 182
生态批评与科学 …………………………………… 188
万物理论 …………………………………………… 195

结论：当今的跨学科研究 …………………………… 201
对跨学科的批判 …………………………………… 204
学科的幸存 ………………………………………… 212
维多利亚研究与文化研究 ………………………… 216

延伸阅读 ………………………………………………… 222
参考文献 ………………………………………………… 225

致　谢

我非常感谢本系列丛书编辑约翰·德拉卡基斯（John Drakakis），他仔细阅读了本书初稿，并提出了许多有益的建议；感谢劳特利奇出版社编辑莉兹·汤普森（Liz Thompson）和艾玛·纽金特（Emma Nugent）给予我的建议和支持；感谢我的父亲，他阅读了本书的初稿并给出了参考意见；还要感谢我的哥哥利亚姆，他帮我解答了一些关于科学的疑问。

这本书是在我多年来围绕跨学科所进行的教学、阅读和与他人交谈的基础上完成的，为此我要感谢很多人。我从利物浦约翰摩尔大学的跨学科系的学生和同事那里学到了很多东西，我想把本书献给他们。

第二版序

维基百科上有一个网页声称它列出了当今所有学术学科的名称,总共有42个,这恰好是超级计算机"深思"(Deep Thought)在道格拉斯·亚当斯(Douglas Adams)的《银河系漫游指南》(*A Hitchhicker's Guide to the Galaxy*)中给出的有关"生命、宇宙和万物的终极问题"(the Ultimate Question of Life, the Universe and Everything)的答案。互联网有时被指责将人类知识的总和变成一个杂乱无章的大杂烩,被专业水平和权威性参差不齐的各类人士相互争吵的声音所传播。因此,世界上最著名的电子百科全书竟然如此关注学术思想的学科性和有序性,这让人颇有感触。

事实上,维基百科仅仅是跨学科时代学科理念出现反弹的一个例子。与我完成本书的第一版时(2002年)相比,跨学科在今天变成一个更加流行的词语。几乎所有的学术期刊都声称是"跨学科"的;许多学术院系(特别是英文系),甚至整个大学也都是如此。不过,文学研究中也出现了一些反对的声音,其中大部分都是有益的，反对不假思索地滥用"跨学科"一词。

我在本书第二版中试图做好几件事情，其中最主要的是补充修改了题为"当今的跨学科研究"的新结论，该结论考察了自该书首次出版以来该领域的新发展。首先，它探讨了文学跨学科研究的现状，特别是人们通过各种形式的新历史主义来介入"后理论"或"理论之后"话题的努力，以及数字人文研究不断扩大的影响和它对文本构成的传统观念的挑战。其次，它意图向学生介绍跨学科的制度政治（institutional politics），我在第一版结论部分对此只做了简短介绍。最后，它讨论了跨学科研究在两个截然不同的领域的潜力：维多利亚研究和当代文学与文化研究。这表明，当跨学科研究发生在某些具有学科特征的公认的亚领域中时，它在英文学科中的发展往往才是最振奋人心和最富有创新性的。因此，我的结论是回到第一版的中心论点之一：跨学科的概念只能置于学科背景下理解。

我还更新了书中其他部分的一些参考文献和例子，扩展了参考书目，并加入了一节关于拓展阅读的内容，以便于读者更深入地讨论跨学科问题及其潜能。

乔·莫兰

2009 年

中译本序

经常有人问我是如何做到单就"跨学科"这样一个模糊而抽象的概念写成一整本书的,我认为这或许离不开年轻人的快乐和自信。二十年前,当我写完这本书的第一版时,我还是一名处于职业生涯早期的学者,距离我获得博士学位只有几年时间。从那以后,除了在2010年修订本书第二版之外,我并未继续在跨学科这个概念上思考太多。但我的工作一直都是跨学科的,无论是在写作这本书之前还是之后,虽然这可能更像是一个自然而然甚至是偶然的过程,而不是一个深思熟虑的结果。

我的学士学位与历史和政治学有关,我的硕士专业是英文研究,而我的博士专业则是美国研究。自1996年以来,我一直很幸运地在一个专注于文学和文化史跨学科研究的英文系任教。这让我能够开出在其他地方无法进行的课程,并特立独行地追求我自己的非学科性的研究兴趣。自从我在2002年完成这本书的第一版以来,我的研究主要集中在日常生活的历史和理论上。我写过关于看电视、公路交通和高速公路等事物的历史的书,也写过关于排队、办公室工作和通勤等日常生活的书。正因为我们的日常生活看起来如此平淡无奇,它才没有引起我们的注意,但也因此更需要一种跨学科的方法来关注。

作为一位某种程度上的文化历史学家,我总是被这些难以用某种方式来证实的历史所吸引,这些历史给我们带来一些无法用传统学科模式解决的方法论挑战。看电视是一种短暂的、俗常的消遣活动,几乎没有留下什么档案证据;公路也抹去了它们的历史——它们实际上被涂上了柏油——但它们都触及政治、美学、社会学、心理学和人文地理等问题。羞怯是我另一本书的主题,这是一种长期的、低强度的、难以定义的状态。它的历史注定由晦暗不明的碎片构成。这些书既面向普通读者,也面向专业学者。我的学术兴趣兼收并蓄,不固着于某一特定领域,这帮助我获得了新读者。我曾尝试换一种方式撰写学术论文,倾向于散漫的杂文随想,并贯之以一种独特的作者声音。这就是一种跨学科的形式。

这并非一帆风顺。我不走寻常路的学术路径让我偶尔羡慕那些有着更明确的学科归属的人,在那里他们可以与志同道合的人交流切磋。我有时觉得自己在知识上有点像个流浪者。我意识到,像我这样每写一本新书都要换一个主题的人,无疑是在挥霍自己的知识资本,而那些只在自己擅长的领域深耕细作的人却不会有这种担忧。尽管如此,我过去二十年的职业生涯再次证实了我在本书第一版中所写的一点:"跨学科研究在过去几十年里产生了人文学科中一些最有趣的知识拓展……这正是因为它的问题和缺点没有被既定的结构或惯例所掩盖。"跨学科给我们带来了问题，但它们是有用且有趣的问题。

现在回头再看这本书，鉴于当前人文学科的危机，我忍不住想再重读一遍。从某种意义上说，人文学科总是处于危机之中。历史学家 J. H. 普拉姆(J. H. Plumb)在 1964 年就编写了一本名为《人文学科的危机》(The Crisis in the Humanities)的书。在人文学科中，这种身份和合法性的永恒危机部分源于学科定义的模糊性。但在英美语境下，目前的情况尤其糟糕。政策制定者和评论员越来越多地将人文学科视为无关紧要、可有可无和不合时宜。在英国，人文学科部门出现了一波解聘浪潮，政府公开反对他们所说的"低价值"人文课程。政府现在坚持大学课程要物有所值，毕业生工资的高低是主要的评估标准。可测量的投入（教学时间、学费）必须与可测量的产出（工作、加薪）相匹配。

人文学科似乎成了科学、技术、工程和医学(STEM)的穷亲戚。STEM 是一个缩略语，现在也常被当作名词和形容词来使用（STEM 技能、STEM 科目、STEM 工作）。我们忘记了这个首字母缩写词有多新，有时甚至忘记了它代表什么。在英国，投资 STEM 对经济增长至关重要已成为一种信念，尤其是在生命科学、制药行业、计算机编程和电子工程等领域。

人文学科的独特价值不是那么容易量化的。人文学科本质上是跨学科的，因为它们关注的是人类凌乱、无边界、无算法规则的状态。它们研究人类创造意义的整个杂乱过程。它们无法将知识简化为某种学科本质，因为它们研究的是所有独一无二的人工制品，它们都来自已知宇宙中最复杂的事物，即人脑。通过讲故事来解释其他故事，通过使用更多的词汇来分析词汇，它们追求的是启发性的复杂性，而不是追求科学那种优雅、清晰的简单性。科学向前发展，沿着其前沿不断前进；但人文学科是累积的，而不是线性的。它们逐渐加深了人们对意义和学识的理解，一点一点地扩展了数万年前开始的对话，那时候智人才刚深入洞穴，在墙上喷赭色染料。

人文学科是关于人的，人是多元的、矛盾的、非学科性的、边缘模糊的。我们在人文学科中使用的方法需要像我们解释的人工制品一样具有不完美的人类属性。换句话说，它们需要跨学科。

我非常高兴这本书能被介绍给中国读者，也非常感谢陈后亮教授和宁艺阳博士在翻译本书方面所做的工作。

乔·莫兰

2022 年 4 月

导 论

导 论

在我们开始进一步讨论之前,你们有没有想过,这一切完全是一个巨大的误解?你们不是来学习任何东西的,而只是来接受教育以便通过这些考试的,因此知识必须被组织起来以便能够被教授,而知识必须被化简为信息才能够被组织起来,你们能理解这一点吗?换言之,这会让你们误认为组织架构是知识本身的固有属性,而无序和混乱仅仅是来自外部、对知识构成威胁的无关力量。而事实恰恰相反,秩序不过是我们试图强加在混乱的基本现实之上的一种稀薄的、不稳定的状态……(Gaddis 1976:20)

本书讨论的是我们如何将知识组织成学科,然后当这些旧思维方式变得过时、不相关、不灵活或有了排他性时,再将其重组成新的结构和联盟,或者说是"跨学科"(interdisciplinarity)的形式。"跨学科"近年来已成为许多不同学术领域的流行语,但很少有人对它进行详细探讨。正如刘艾伦(Alan Liu)所说,跨学科研究是"现代学术领域中一个被严重忽视的批评、教学和制度性概念"(Liu 1989:743)。本书的目的是审视有关跨学科的各种定义,以及围绕它的意义、意图和实际应用所发生的各种争论。在这个总的论题下,本书还有一个更具体的目标:向从事文学研究的学生介绍来自文化研究、社会学、人类学、哲学、精神分析学、历史学、地理学以及自然科学等其他领域的跨学科视角。

我的主要观点是，如果不首先研究现有学科，我们就无法理解跨学科，因为跨学科方法总是与这些学科，以及它们通过彼此切割而排斥异己的知识模式相关。"discipline"一词的现代用法主要有两层含义：一是指一个特定的学科或知识体系；二是指在诸如士兵、囚犯或小学生等属下群体中维持秩序，通常通过肉体威胁或其他惩罚形式。有趣的是，从15世纪上半叶开始，这两层含义在早期的一些用法中常被混在一起。在这一背景下，"discipline"指的是一种特殊的品行训练，旨在教导正确的行为、秩序和自我控制。事实上，作为一种被认可的学习方式，这个术语本身就意味着等级的建立和权力的运作：它源自拉丁语单词"disciplina"（纪律），指的是长辈对弟子们的教导，这必然暗指一些人掌握而另一些人未掌握的有价值的专门知识。如《牛津英语词典》所给出的解释，这个词在英语中最早的用法之一是指"对门徒的特殊指导"，与"秘密的纪律"（Discipline of the Secret）有关，这是16世纪新教改革后用于描述早期基督教会的一些限制性实践的一个短语，指的是教给皈依者信仰的要素，同时把那些异教徒和门外汉排除在外。因此，"discipline"这个词从一开始就涉及知识和权力之间的关系。

当我们使用"跨学科"这个词时，通常是在暗示对上述这种关系的某种批判意识。正如罗伯塔·弗兰克（Roberta Frank）所说：

> "Interdisciplinary"（跨学科）能让所有人都满意。它的词根"discipline"（学科）让人感觉陈旧、易腐；它的前缀"inter-"却让人感到既刺激又友好。"Field"（领域）

让人想到泥土、奶牛和玉米地，与之不同，拉丁语词"discipline"却是被不锈钢包裹着，它暗示有一些严格的、侵略性的、危险的东西需要掌握；"inter"则暗示知识是一种温暖的、相互促进的、协商性的东西。(Frank 1988：100)

根据这层含义，"跨学科"提供了一种民主且有活力的合作模式，以取代老套、排外且带有派系属性的学科。然而，这种简洁的解释带来很多疑问：跨学科研究究竟如何才能成为"温暖的、相互促进的、协商性的"？学科壁垒能如此容易地被打破或超越吗？难道不是必须要有某种用于排列和组织知识的方法吗？为了开始讨论其中的一些问题，我们不妨先看看学术学科的历史发展过程。

学科的兴起

把知识塑造成学科的构想可以追溯到古希腊哲学。例如，亚里士多德把不同的科目划分为理论性的（theoretical）、实践性的（practical）和生产性的（productive）三个等级。理论性学科是知识的最高形式，由神学、数学和物理学组成，其重要性按从高到低排列；实践性学科包括伦理学和政治学；生产性学科等级最低，包括美术、诗学和工程学（Aristotle 1947：Ⅰ.3-13, 293-299；Ⅱ.85-89）。通过构建这样一个模式，亚里士多德采用了两个指导原则，这两个原则对后来的学科发展至关重要。首先，他试图在不同学科之间建立一个清晰的等级关系。总体来说,学科的发展不仅创造了一个个与外世隔绝、自足自乐的知识体系,其中还会不断出现一些试图凌驾于其他知识领域之上的尝试。尤其是有这样一个很古老的争论:一个是"有用的"知识领域,其优点是它虽然为自己设定的目标有限,却明确实现了这些目标;另一个是更模糊的知识领域,它更加雄心勃勃、志向远大,却不是那么明显地"有用"。亚里士多德显然更偏向思辨知识本身,认为"父辈对于孩子应该乐意他们受到一种既非必需亦无实用而毋宁是性属自由、本身内含美善的教育"[1](Aristotle 1961:337)。其次,他意识到将知识编排成学科虽是必要的,但也有些不足,因此他把哲学定位为一个普遍的知识探究领域,它能把所有不同学科汇集在一起,这种差异中的统一的观念也影响了现代大学学科的形成。正如亚里士多德的体系所表明的,对知识专门化的弊端的焦虑和学科制度本身的历史一样古老。

随后几个世纪,传统的知识划分法一直被总体维系着,但它们最终被市场力量和制度变革所改变。从根本上说,现代学科的发展和巩固既与大学的发展有关,也与欧洲社会变得日益复杂有关。到了中世纪晚期,随着萨勒诺、博洛尼亚、巴黎、牛津和剑桥等城市的大学取代中世纪的学院或普通研究院(studia generalia),"学科"一词被用于医学、法律和神学等职业,因为人们认为需要将教育与特定的经济、政治和教会的活动目的联系起来

---

[1] 引文参考中译本《政治学》(吴寿彭译,商务印书馆1997年版),第289页。——译者注(本书脚注均为译者注。)

(Klein 1990：20)。但仍有一种强有力的观点认为，学科的出现并不完全是好的：至少在18世纪末之前，大学生通常先学习文科的核心课程，包含三艺（逻辑、语法、修辞学）和四艺（算术、几何、天文学和音乐），接着专攻医学、法律或神学，相当于今天美国大学里的学生选择某个"专业"。大学主要是一个由志同道合的学者组成的共同体，学科发展应该在这个整体框架内出现。事实上，"大学"一词来自拉丁语"universitas"，意为"普遍"或"整体"。

这种大学理念受到启蒙价值观的威胁。启蒙运动是17世纪末和18世纪在欧洲范围内兴起的一场知识运动，它推动了艺术、科学、政治和哲学的革命性变革。虽然启蒙思想是复杂的、异质的，但总体来说，当时的哲学家非常强调通过理性的力量来促进人类知识的进步。这种对理性的追求由学科内部发展出的更清晰的程序方法以及更加专业化的知识所支撑，在科学和数学领域最能让人深切感受到这种变化。从这个意义上说，启蒙思想与发生在16和17世纪的那场"科学革命"有重叠和借鉴之处，那场革命由哥白尼、开普勒、伽利略和牛顿等科学家所领导，它推翻了古希腊人建立的自然秩序观。科学革命建立在两个重要的新观念之上：首先是把自然看作一个有序的机器，它可被简化为人类建立的相对较少的普遍规则；其次是发展出一种实证方法以处理特定参数范围内的问题，并以新的归纳法、演绎法，以及温度计、显微镜和望远镜等新的实验工具为基础来检验假设。

因此，科学学科的目标必然是狭窄的：它在自己的领域内确立解释自然现象的规律，只去解释现实的一小部分。新科学以这种方式限定它们的关注范围从而取得巨大的知识进步，这成为支持学科化（disciplinarity）的一个有力论据，而科学模式对后来所有学科的发展都产生了极大影响。这些知识重组可被看作对知识进行排序和分类的整体启蒙规划的一部分。该规划受早期一些试图对知识进行分类的雄心勃勃的尝试所影响，例如马蒂亚斯·马蒂尼（Matthias Martini）的《思想方法论》(*Idea Methodica*, 1606)和弗朗西斯·培根（Francis Bacon）未完成的多卷本巨著《伟大的复兴》(*Instauratio Magna Scientiarum*)，后者旨在"开始全面重建科学、艺术和一切人类知识，使它们全都建立在适当的基础上"[Bacon(1620)1980:2]。培根希望重组和巩固这些学科，因为他相信科学应该是一个集体工程，它应建立在从事类似研究的学者之间有序的知识交流基础上，这样就不必把时间浪费在重复理论和发现上。

对知识进行编纂和分类的启蒙规划也许在18世纪欧洲现代各国本族语（非拉丁语）百科全书的发展中表现最为明显。借鉴马蒂尼和培根等思想家建立的框架，伊弗雷姆·钱伯斯（Ephraim Chambers）的《百科全书》(*Cyclopaedia*, 1728)、英国的《大英百科全书》(*Encyclopaedia Britannica*, 1768—1771)第一版以及由德尼·狄德罗（Denis Diderot）主编的最著名的《法国百科全书》(*French L'Encyclopédie*, 1751—1750)等，都试图理解令人困惑的各门新学科。在许多方面，百科全书是启蒙思想的典型产物，因为它们旨在将知识的统一性和相互依赖性包含在几卷著作之内，同时也对其进行编目和系统化。例如，数学家让·达朗贝尔（Jean d'Alembert）在1751年为《法国百科全书》第一卷所写的导言中，试图对不同的学科分支进行一次雄心勃勃的调查，同时也试图说明这些分支如何组成一个连贯的整体结构。

学科的重组,尤其是自然科学的快速发展和成功,并非没有受到质疑。意大利思想家詹巴蒂斯塔·维柯(Giambattista Vico)声称,科学和数学的优势地位导致人们更重视专门知识却忽视通识教育。他认为,如果学生们被教授"科学和艺术的整体知识","他们就不会在尚未学有所成之时便产生贸然介入讨论的冲动,也不会轻率地拒绝接受任何观点,除非得到老师的认可"[Vico (1709)1965:19]。在《科学新纪元》(*La Scienza Nuova*, 1725)一书中,维柯声称知识总是由人类建构的,而不是简单地在自然界中被发现的。因此,他认为历史、哲学和法律等"人文科学"关注人类和社会,能够"从内部"获得知识和理解,优于只能描述自然界外部现象的"自然科学"。维柯倡导的跨学科研究与本书所讨论的许多其他形式的跨学科有相通之处,因为它构成了他对新知识等级结构的批判的一部分,这种新知识等级把科学置于人文学科之上。科学在过去几百年里取得成功的原因一直没变:它能够将自己的事业限定于某些被严格界定的领域和可控情况,从而带来明显更清晰、更严谨和更有效的"有用知识"。人文学科中的跨学科研究通常试图挑战自然科学作为学科发展标准模式的优越感,这种优越感来自一种信念,即认为自然科学可以在其研究领域内获得客观中立的知识。

不过直到19世纪,学术界在确定学科之间的关系时大都沿用了亚里士多德的观点,即哲学整合并超越更为专业化的知识形式。随着哲学在过去几千年的发展,它融合了许多不同的学科,如心理学、社会学、自然科学和数学等。它仍然是一种极其广泛和无定形的思维方式,能把不同的思想和活动聚集在一起,它没有自己的明确主题,却能对其他学科的主题产生一种元评论(metacommentary)。哲学是非学科化的(undisciplined)知识,这个观念在今天被保留在"哲学博士学位"(Ph. D.)这个头衔上,不论在哪个学科领域完成学位论文,都会获得这一学位。尽管17世纪以后的许多思想家进行了意义深远的知识重组尝试,但他们仍然倾向于将这些分类建立在这个观念基础上,认为哲学是统一各个学科的普遍科学。例如,新科学方法的奠基人之一勒内·笛卡尔在《哲学原理》(Principles of Philosophy, 1644)中指出,"作为一个整体,哲学就像一棵树,它的根是形而上学,它的干是物理学,而其他所有科学都是从干上长出来的分支"(Descartes 1955:211)。两百多年后的奥古斯特·孔德(Auguste Comte)在将自然科学方法转化为社会科学方法的过程中发挥了重要作用。他在《实证哲学教程》(Course in Positive Philosophy, 1830—1832)一书中声称,哲学仍然是"人类智慧(sapientia humana),所有不同形式的知识最终都以之为目标"(Cassirer 1950:9)。在德国思想家伊曼纽尔·康德的著作中,这种认为哲学处于中心地位的看法得到了最持久的辩护。在18世纪末,康德对大学学科的分级做了系统化的努力,以展示这种等级如何反映人类知识的内在划分和人类头脑的自然秩序。他认为,不同学科应该被视为独立的和自足的:

> 每一门科学本身就是一个系统……我们必须……把它作为一个独立的建筑来进行设计建造。我们必须

将它视为一个独立存在的整体,而不是另一座建筑的一个侧翼或一部分——尽管我们可能会从一个部分到另一个部分来回穿行。[Kant(1790)1928:31]

然而,在他于1798年发表的论文《学科之争》("The Conflict of the Faculties")中,康德认为"理性"是一种超越学科划分的终极价值,它在大学里的天然家园是处于"低等"的哲学学科。与神学、法律和医学这三个"高等"学科不同,哲学没有具体的内容,它的存在也不依赖于任何更高的权威,如《圣经》、法律法规或医学学术等。因此,它可以"根据自己的判断来决定它所教授的东西。因此,政府有权决定高等学科的授课内容,但低等学科教授什么则由学者自己决定"。康德认为,必须有这样一个学科,"它并没有颁布命令的自由,却有对一切与科学旨趣相关,即与真理相关的命令做出评判的自由"[Kant(1798)1992:27-29]。康德把大学划分为"低等"和"高等"学科,并赋予哲学一种没有具体内容、不受约束的活动特权,这使他得以在越来越专业化的大学院系的现实中保留统一知识的理想。

康德的大学理念影响了一代又一代德国哲学家,包括弗雷德里希·席勒(Friedrich Schiller)、威廉·冯·洪堡(Wilhelm von Humboldt)和约翰·费希特(Johann Fichte)等人。这些学者促进了世俗化的公立研究型大学在19世纪初的普鲁士形成,而这类大学将成为现代欧洲和北美大学的雏形。席勒在耶拿大学(1789年)发表的就职演说起到了奠基作用,他推广了"教化"(Bildung)的概念,意为一种基础教育,它是学生总体成长的一个环节。与

011

之相对的是"训练"（Ausbildung），即训练学生将来从事某个具体行业。洪堡和费希特等人借鉴了这些思想，并将其与德语词汇"Wissenschaft"联系起来，这个单词很不好翻译，它主要是指一种全人教育，目的是培养人的整体人格，而不仅是头脑智慧。洪堡认为，大学的职能是"开放整个知识场域，详细解释所有知识的法则与基础"（Lyotard 1984：33）。

然而，在一个日趋专业化且结构严密的大学制度内，这种非专业教育的理念几乎立即受到科学学科与其他知识领域相分离的威胁。直到19世纪头几十年，"科学"一词往往与"哲学"互换使用，意思是所有形式的知识，而并非仅指它的特定分支。不过从19世纪30年代起，"科学"一词开始专指自然科学，并在学术和一般用法上都与"哲学"明确区分开来。社会科学——甚至某些人文学科——都常被要求参照更加严谨的科学模式来塑造自身，这说明科学已经成为大学内部一个非常成功的自足知识体系。19世纪30年代，"社会学"一词的创始人孔德认为，有必要将科学方法应用于其他知识领域，从而"完成由培根、笛卡尔和伽利略等人开启的宏大知识活动"［Comte(1830-42)1974：39］。他注意到"知识劳动的划分"所造成的问题，但仍然提出了建立一般哲学的可能性，"以便将所获得的全部知识简化为单一的同质学说"(51-52,39)。不过，他也认为各门科学都是依据自身逻辑发展起来的，"只要对各门知识的发展是必要的"，知识的划分便可"进一步细化而不受苛责"(30)。这种信念——认为明确界定的科学方法和程序需被运用于非科学领域——成为19世纪末和20世纪初推动政治学、经济学、社会学、英语和现代语言研究等新的社会科学和人文学科发展的有力因素。

这一时期学术学科的激增引发了人们对过度专业化的担忧,尤其是那些眼光更长远、更擅思辨的哲学家。德国思想家弗里德里希·尼采特别清楚这些新的知识结构如何与权力和私利联系在一起。他在《我们的学究们》("We Scholars")一文中抨击了学科的兴起,认为这是德系研究型大学的一个特殊产物,它导致哲学家被科学"学者"所取代:"科学之人的独立解释,他从哲学中的解放,乃是民主本质和非本质的更雅致的后效,因为学究们的自我标榜和自我吹嘘,在今天到处都是百花盛开,春色满园。"[1][Nietzsche(1886)1990:129]

他特别怀疑这样一种说法,即这些学科通过限定其范围而获得了客观公正的知识。对尼采来说,专业学者关心的不是知识本身,而是在一个日益官僚化和职业化的社会中沿着职业阶梯往上爬,"那美妙名字的阳光,他的价值和备用性的连续胜利,由胜利而引起的内在怀疑,一切依附之人和群畜动物内心的基础,必须一再加以克服"[2](133)。更具体地说,尼采哀叹哲学作为一种非学科活动的衰落。尽管哲学家的真正任务是"围着人的价值和价值感的圆圈饱览一圈,并且带着各式各样的眼睛和良心登高远望,由低到高,由角落至辽阔地进行观察",但他现在变成只是一位科学家,"让自己在某处停靠,以使自己'专门化',其结果就是

---

[1] 引文参考中译本《超善恶:未来哲学序曲》(张念东、凌素心译,中央编译出版社2005年版),第124页。
[2] 同上书,第128—129页。

不再登高,不再仰视、环视、俯视"。[1]（142,131）

西班牙哲学家何塞·奥尔特加·加塞特（José Ortega y Gasset）在1930年也批评无所不包的知识衰退演变为狭隘的专门知识。他认为,虽然过去很容易区分有学问的人和无知的人,但现在有了一个新的类别——"有知识的无知者（learned ignoramus）……尽管他在他生疏的领域中很无知,但他不像一个无知者,而是摆出一副学有专长的样子"[Ortega（1932）1957：112]。这种新型科学家在1890年便开始大行其道,他们只关注特定科目,拒绝了解自己的专业知识领域以外的事物。与尼采一样,奥尔特加将这些新学科中的循规蹈矩视为一种更普遍现象的征兆,即大众在日益精英化的西方资本主义社会中已占据上风。对奥尔特加来说,哲学作为一种非学科活动的优势在于它无法被归入新的官僚体系,它"并不需要大众的呵护、关注和垂怜；它坚守着自己无用之用的本性,从而可以摆脱一切对平庸者的阿谀献媚"[2]（86）。

虽然现在看上去他们有精英主义情结,尼采和奥尔特加的观点还是触及了有关学科发展的重大问题。正如他们指出的那样,这种发展并非仅是知识进步的自然结果,而且也是体制和社会因素的产物,特别是在一个技术发达的复杂社会中对专业人才的需求。这个新社会的关键要素之一是日益专业化的官僚机构内部

---

1 引文参考中译本《超善恶：未来哲学序曲》（张念东、凌素心译,中央编译出版社2005年版）,第139、127页。
2 引文参考中译本《大众的反叛》（刘训练、佟德志译,吉林人民出版社2004年版）,第79页。

的劳动分工。这些学科的成功在一定程度上取决于政府和企业对它们的外部认可,承认它们是一种未来职业形式:它们的两项主要职能是为人们将来从事需要特殊专业知识的职业做好准备,并通过颁发学历证书来为这些新职业提供合法地位。

除了这些外部影响,大学作为一个相对封闭的机构的性质也有助于学科的整合。一门新的学术学科的出现总是在一定程度上取决于内部因素:精英大学通过设立单独的系别来承认一门学科,招募足够的学生和教员来研究和教授这门学科,围绕它形成一些学术团体和期刊,以及发展出公认的职业结构,通常以获得该学科的博士学位为基础。此外,由于学科受到这些制度性(institutional)因素的影响,它们往往像许多制度一样自我再生并自我延续。20世纪60年代初,B. R. 克拉克(B. R. Clark)用人类学术语形容这些学科,认为它们就像是拥有不同文化和语言的独立部落:

> 社会学部落的人很少去物理学家的土地,也不知道他们在那里做什么。如果社会学家走进英文系的大楼,他们会遭到冷眼注视,如果不是敌对土著的弹弓的话……这些学科作为独立的产业存在,各自拥有独特的亚文化。(Becher 1989:23)

克拉克的抱怨表达了一个常见说法:一旦学科确立了自己的地位,它就会发展既得利益,捍卫自己的领土,并通过特定类型的话语强化自己的排他性。"话语"是一个复杂的词,在人文和社会科学中有多种用法。这个词在本书中也将反复出现,故在此宜做初步界定。它出现在语言学中,是指作为一种集体过程的语言概念,由社会模式或惯例构成和制约。更笼统地说,它被用来指一种理解和建构世界的思维方式、文化实践或制度框架,往往从某个特定利益群体的局部角度出发。在克拉克看来,学科显然是一种话语建构,因为它们的权力安排许可某些思维和运作方式,同时排除其他方式。

界定跨学科

正如我在此所说,批评学术学科的有限性和约束性的声音与学科本身一样历史悠久。从历史上看,这种批评常常会重提一种旧的、更统一的知识形式,通常位于一个未学科化的科目之中,比如哲学。"跨学科"一词出现的背景是人们对通识教育形式的衰落所感到的焦虑,这个词在20世纪20年代中期首次出现于社会科学中,并在第二次世界大战后立即在社会科学和人文学科中流行开来。然而,我在本书中的一个观点是,这个术语背后是各种力量的竞争。一方面,它是对全面总体性知识的传统探索的一部分;另一方面,它代表了对知识本身的性质以及我们组织和传播知识的方式所进行的更彻底的质疑。从这个意义上说,跨学科研究与认识论——对知识本身的研究——相互关联,它们往往都聚焦于现有学科无法应对或解决的问题上,而不是寻求一个包罗万象的综合。

正如杰弗里·本宁顿(Geoffrey Bennington)所指出的,"'inter-'是一个模棱两可的前缀,它既可以意味着在两种事物之间形成一种联系或联合,例如'国际'(international)和'交往'(intercourse)这两个词所表示的;又可以意味着区分或隔开,例如'间隔'(interval)和'夹层'(intercalate)"(Bennington 1999:104)。这种歧义部分反映在"跨学科"这个词的含混不清上。它可以寓意在不同的学科之间建立联系,但也可能意味着在学科之间的空隙中建立一种无学科(undisciplined)的空间,甚至试图完全超越学科界限。一些批评家之所以提出了其他术语,如"后学科"(post-disciplinary)、"反学科"(anti-disciplinary)和"逾学科"(trans-disciplinary)等,部分原因也正是这种语义含混性。尽管这些术语的定义往往都不严谨,有时也可以互换使用,但它们都意味着仅有"跨学科"还是不够的,总会有另一个知识阶段,在那里,学科划分可以被更彻底地颠覆,甚至被抹去。不过,我并不想在本书中混用这些术语,我的看法是,"跨学科"一词的价值就在于它的灵活性和不确定性,而且跨学科的形式可能和学科一样多。从某种意义上说,提出其他替代说法就是试图把它"学科化"(discipline),将它限制在一套正统的理论和方法中。在其最广义的层面上,我认为跨学科是指两个或多个学科之间的任何形式的对话或互动,只是这种互动的水平、类型、目的和效果有待检验。

不过,我们在此首先对"跨学科"和"多学科"(multidisciplinary)这两个词加以区别可能会大有裨益,因为这两个词有时也同样令人困惑地被视为同义词。但是,后一个术语往往是指两个或两个以上学科的简单并列,例如文科的某些联合或混合学位,或者由不同学科的教师团队授课的个别课程。在这种情况下,学科之间的关系仅仅是一种相邻(proximity)关系;它们之间没有真正的结合(integration)(Klein 1990: 56)。相比之下,我更赞同罗兰·巴特(Roland Barthes)的看法,即跨学科在某种程度上总是具有变革性的,在不同学科的接触中会产生新的知识形式。他说:

> 跨学科并非一项波澜不惊的平静事业;当旧学科之间的团结由于涉及一个新对象和一种新语言的利益而瓦解时——这个新对象和新语言在旧科学领域没有立足之地,无法使旧学科和平共处——跨学科活动便有效地开始了(而不仅是表达一个虔诚的愿望),这种阵营划分上的紧张不安正是诊断某种突变发生的可能点。(Barthes 1977: 155)

巴特认为,跨学科潜力巨大,它不仅是简单地把不同学科放在一起,还可构成针对学术专业化进行的更普遍批判的一部分,也是针对大学作为一个脱离外部世界的专业知识飞地的机构性质进行批判的一部分。跨学科方法常可或隐或显地让我们注意到,在大学里学习什么和教授什么总是一个政治问题。

正如这个术语本身的合成性所表明的那样,"跨学科"预设了学科的存在,以及它作为思维方式和制度实践的相对灵活性。因此,本书将植根于对特定学科的历史、理论、方法和主题的理解,并将致力于探索这些学科究竟是如何在不同形式的跨学科实践中被融合、转化或超越的,以及这些相互作用创造了哪些新的知识形式。在第一章中,我考察了英文作为一门学科的历史,以表明它始终是由两个相互竞争的力量所驱动的:一个是通过将关注领域限制在公认的现象——"文学"——上,试图使它更像一门"硬"科学;另一个则试图将其确立为人文学科的跨学科中心,以取代古典学和哲学等更古老的人文学科。第二章讨论了新的文化研究范式在重新定义和扩展作为学术研究对象的"文化"概念以及批判性地反思学科和跨学科知识性质方面的作用。第三章探讨了作为一门非学科化的知识的"理论",以及文学、哲学和精神分析之间富有成效的互动,这一互动开启了有关语言、主体、性别、性和身体等的跨学科问题。第四章分析了在文学研究和历史学之间的交叉点上出现的新进展,那是这两门学科之间多年恩怨的一部分。第五章围绕身体、技术、空间、图绘、遗传学和环境等问题,探讨了在科学、地理学和文化批评之间建立跨学科联系的新尝试。最后,结论部分展望了跨学科研究的问题和局限,以及人文学科进一步拓展跨学科研究的前景。

在这些不同章节中讨论的主题并不相互排斥:跨学科研究具有知识混杂和相互关联的性质,这意味着它永远不能被彻底分离出去并封锁起来。然而,通过以这种方式组织讨论,本书旨在介绍一些方法路径,以凸显跨学科研究的范围和潜力。如果一个大学生今天选择了一系列跨越人文和社会科学的课程,他可能会惊讶于它们之间的交叠程度,以及在理论、概念框架、术语和文本等方面的重合。正如人类学家克利福德·格尔茨(Clifford Geertz)所说,我们生活在一个"文类混同"(blurred genres)的时代,一个"多种话语混杂"的时代,学科间的区别在这个时代里越来越难以界定(Geertz 1983:20)。本书试图厘清这种文类混同必然会导致的一些混乱,同时也重视跨学科研究必要的多样性和复杂性。

第一章　跨学科的英文系

在知识的形成和划分这个问题上,英文学科比其他任何学科都更易引发争论。作为一个相对较晚出现的学科,它经常左右为难:一方面,它在研究方法和主题上依赖于其他学科;另一方面,它在学科制度上又迫切需要划定自己的领域、界定自己的活动并证明自己独立于其他研究领域的合法性。事实上,在某种意义上可以说,自从它作为一门学科在大学成立以来,英文中的所有重大进展和争议都与它很难将兴趣收纳于一个学科内以及它的跨学科潜能有关。正如哈罗德·罗森(Harold Rosen)所说:

> 英文是最不像学科的一门学科,最不大可能通过一门学科内积累的知识来给它下定义。它的中心没有任何一套主导性的知识理念。没有人能自信地绘制出它的边界:它既是殖民者,也是被殖民对象。当我们考察那些被人们生硬聚拢在这一名号下的做法时,会发现它们太过繁杂多样、相互矛盾且任性随意,以至无法进行分析和解释。(Rosen 1981: 5)

最初在英国大学内发端之时,英文研究是一门体制基础脆弱、地位不稳的新生学科,这意味着它比其他旧有学科更有可能质疑自己的学科假定和实践。D. J. 帕尔默(D. J. Palmer)等学者将英文学科的源头追溯至早期在机械学院、夜大和非牛剑大学内讲授的

"穷人的经典",在那里,英文有时与历史学和地理学等其他"民族"科目一同被讲授(Palmer 1965：vii, 18)。由于一门新学科的诞生在一定程度上总是取决于知识声望的积累——特别是取决于有影响力的机构和学者是否承认它是一个独立的实体——直到19世纪末20世纪初,英文才被完全接纳为一个值得尊敬的学科领域,主要也是因为它的地位在牛津和剑桥等精英大学中都得到了确立。即使在那时,它也被更传统的学科视为当今所谓的"米老鼠"学科,是为差等生提供的一个更容易的选择。例如,19世纪末的神学教授威廉·桑迪(William Sanday)支持在牛津大学成立英文系,因为"我们需要考虑到那些女生,还有将来会成为中小学教师的三流男生(的需求)"(Bergonzi 1990：41)。

这一说法指出了另一个仍然困扰该学科的问题:与许多其他学科不同,英文学科的教育与未来职业培训之间没有太强的联系。科学和专业学科的发展部分是为了应对资本主义社会对专业人才的需求,它们往往面向毕业生市场的特定领域,并以具体方式为经济提供"人力资本"服务。大多数英文系的学生都对来自法律、工程学和医学等专业的学生的嘲讽不陌生,比如在厕纸架下面的涂鸦"英文学位,自便取用",或者换一种讽刺的说法:"如何跟英文专业毕业生打招呼?请给我巨无霸汉堡和薯条。"

这是一个更大问题的一部分,涉及英文学科的非专业性质,以及它的研究对象——文学——对那些学科之外的人来说通常也不像粒子物理或微分方程那样难以理解。现实情况仍然如此:即使在过去几年,科普和历史写作出现了巨大的繁荣,书店和图书馆里的小说、诗歌和戏剧在数量上仍然远远超过这类书籍。其中一个原因是文学是关乎一切的——爱情、性、友谊、家庭关系、衰老、死亡、社会历史变迁、宗教信仰以及知识观念等。简言之，它是关于丰富多彩的生活，而这些事物很难被容纳在一门学科的狭窄范围内。正如莱斯利·费德勒（Leslie Fiedler）所说，"文学批评总是成为'别的东西'，原因很简单，因为文学总是关乎'别的东西'"（Klein 1996：137）。除非我们只关注语言的机械形式属性，否则我们迟早必须开始关注单词和它们的指涉对象之间的关系，或者文学和"外部世界"之间的关系。因此，马克·舍恩菲尔德（Mark Schoenfield）和瓦莱丽·特劳布（Valerie Traub）认为，文学研究必然包含语境因素，"文学批评关注的是指涉问题，从这一点来说，它有一个跨学科的目标……人们认为词语是有意义的，这个看法本身就是跨学科的"（"Forum"1996：280）。

解释文本的理论和实践——诠释学——至少自第一次世界大战结束以来就已成为文学研究的主要活动，它也源自两个更古老的学科，即神学和法学。《圣经》是早期文本研究和解释的主要对象。例如，中世纪的《圣经》经常被人们做大量注解，以至注解往往与《圣经》本身的文字混在一起，有时甚至超过了原文字篇幅。16世纪的新教改革极大地增加了这种解释的机会，因为它将为《圣经》做注的责任从罗马天主教会转移到各个神学学者身上。马丁·路德的箴言是"唯独《圣经》"（sola Scriptura）：只有通过解读《圣经》本身，而不是接受现有教会的权威，才能知道上帝的意志。如今，《圣经》学者们和文学评论家一样，运用文本细读和背景研究的技巧，提出了许多相同的问题：作者身份问题、支撑文献的地位问题、翻译和经典性问题，而"经典"一词也源于基督教会内部试图将权威《圣经》与伪经文本分开的做法。在法律领域,对相对固定的法律文本的解释总是需要大量的文本研究,新的法规和司法裁决会对其进行微妙的修改;它涉及解读书面语言中与具体现实生活情况和抽象的"正义"概念相关的歧义和细微差别。事实上,对这种关系的认识近年来已经促使了批判性法学研究的兴起,它将法律视为一个需要由批评家进行解构的文本。尽管文学批评家经常试图声称文本解释是一种带有学科专有特征的活动,但这个说法显然值得怀疑。

英文系的诞生

19世纪末,当自然科学和社会科学中的新学科都在扩大和巩固自己地盘的时候,英文学科也伴随着现代专业化研究型大学的出现而诞生。然而,与这些目标明确、成就可量化的新学科相比,英文学科似乎有些模糊和缺乏重点。对一些人来说,麻烦的地方在于它依赖于一件几乎每一位受过教育的绅士都应该可以做或实际上已经做过的事情,即熟悉伟大的文学作品。1887年,牛津大学的历史学钦定讲座教授 E. A. 弗里曼(E. A. Freeman)反对在那里建立英文系,理由是"英国文学只是关于雪莱的闲聊","我们不需要……仅仅是轻松、优雅和有趣的科目。作为考试科目,所有科目都必须可以被拿来考试"。(Graff 1989:123;Milner 1996:4)美国人对这门新学科的发展提出了完全相同的反对意见。例如,一位学院院长说,他不明白为什么需要建立一门新学科来研究他在上班的火车上读的书(Graff 1996：12)。总的来说，英文系面对这些学科资格的诘难有两种反应：第一，一些职业批评家试图仿照其他更为严格、成熟的学科模式，发展出程序明晰、效果可测量的"科学"方法；第二，还有人则反其道而行之，他们认为基础薄弱、方法灵活开放以及缺乏整体连贯性等都是这一学科的优点。

卡尔·波普尔(Karl Popper)和斯蒂芬·图尔敏(Stephen Toulmin)等科学哲学家将科学中的"硬"学科与人文社会科学中的"软"学科区别开来，认为后者正处于进化发展的早期阶段，尚未达到完全成熟的学术学科的地位。例如，图尔敏把学科划分为"坚实型"(compact)、"扩散型"(diffuse)和"未来型"(would-be)三种，认为它们分别代表了向严谨和自我统一的学科状态发展的不同阶段(Toulmin 1972：378-395)。成立于1893年的牛津英文系似乎承认，它在这方面落后于更传统的学科。从一开始，牛津英文系就试图使自己"坚实"，更重视语言和历史研究，而不是文学批评或鉴赏，并与语文学(philology)关系密切。

语文学是一门起源于古典世界的学科，但在18世纪末作为一门现代学科出现，特别是在德国。它主要是对过去的文化和社会文献(通常是书面文献)做细致审查，但也适用于古典学、法律、哲学或历史文本等其他各种材料。它的主要工作常常是考证古老深奥文本的真实性，或者从各种散佚材料中通过做注将这些文本重构，被视为用新的科学学科的准确性来处理文献材料的方式。随着这门学科在整个19世纪的发展，它变得愈加关注语言科学的历史发展，并与新兴语言学科建立了密切的关系，尽管后者倾向于重视口语而非书写文本,而且通常在考察语言结构时忽视历史语境。牛津英文系的课程,也包括全国各地的其他英文学位课程,仍然包含对古英语以及英语的历史和用法的详细研究,这在一定程度上是早期将语言学的科学严谨性强加于这门新学科所导致的后遗症。

20世纪20年代,I. A. 瑞恰慈做出了最有影响的尝试,他让英文研究变得更加系统化且更讲求方法,从而成功地将文学批评活动置于新学科的中心。瑞恰慈给他的学生布置了一个现场测验,要求他们在不知道作者或作品名称的情况下对诗歌做出评价。他所得到的各种五花八门的揣度性回答使他确信需要一门新的解释科学——"实用批评"。他在经典著作《文学批评原理》(*Principles of Literary Criticism*)中的第一句话就宣称,"一本书就是一台用于思考的机器",而他在这部著作中所做的研究是"一台织机,用于重新理顺我们文明中的团团乱麻"。(Richards 1926:1)瑞恰慈明确了他的双重目标:将文本解释的实践转化为一项与实验室实验一样精确而艰苦的活动,并利用这一新方法来挑战科学理性在社会中的主导地位。在考察当前"批评理论的混乱"时,瑞恰慈得出结论,即文学批评缺少明确的理论基础或操作方式:

> 几点揣度,若干告诫,三五条互不相干的睿见,一些颇有机巧的臆测,大量华丽辞藻和诗词修饰,无穷的混乱,滔滔不绝的教条,为数不少的偏见和奇谈怪论,各种神秘玄虚之谈,夹杂些许真正的思考,一鳞半爪的灵

感，富有深意的暗示和惜字如金的概述。毫不夸张地说，现在的批评理论就是由诸如此类的东西构成的。(Richards 1926：5-6)

在后来的《科学与诗歌》(*Science and Poetry*)一书中，瑞恰慈试图将文学批评定位为一种宗教替代品，认为在一个"中和自然，即从魔法世界观向科学世界观转变"(Richards 1935：52)的时代，文学批评比组织化的宗教有更高智性要求。科学在极大地改善我们的物质生活条件的同时，也带来了"冷漠和情感中立的知识"，这些知识"不能告诉我们任何终极意义上的事物本质"(58)。问题在于，其他类型的知识探究在构建和编纂其理论和实践方面没有跟上科学的步伐。如果人文学科能够实现这种科学性(scientificity)，那么"它的实践成果可能比工程师的任何设计发明都更加显著"(12)。因此，瑞恰慈对自然科学在当代社会中占主导地位的回应是，将文学研究改造为一项科学化的学科活动。

文学、生活与思想

剑桥大学英文系在其核心人物 F. R. 利维斯(F. R. Leavis)的领导下，在全世界具有巨大影响。尽管这里非常强调文本细读，但它始终比牛津大学英文系更具跨学科性。英文系于1917年在剑桥最初成立时，受聘教师们都接受过其他学科的训练，如古典文学、哲学、历史学等，而瑞恰慈本人学过精神分析学。正如其学位的最初名称"文学、生活与思想"所表明的那样,剑桥英文系对新方法保持广泛的开放性,这与牛津大学的学究做派完全不同。阿瑟·奎勒-科奇爵士(Sir Arthur Quiller-Couch)于1912年被任命为第一位英文教授,该讲席由《每日邮报》(*Daily Mail*)创始人哈罗德·哈姆斯沃思爵士(Sir Harold Harmsworth)大力资助。众所周知,"Q"(阿瑟·奎勒-科奇爵士为人熟知的姓名简称)是一位兼职作家和报社记者,曾以各种形式发表过文章、小说、诗歌和选集。直到20世纪20年代,颇为古怪的剑桥考试试卷仍带有他的影响,其测试更多的是为了印象式和含蓄性的文学鉴赏,而不是细致入微的分析,要求学生将他们的工作定位在学术写作和新闻报道之间。

F. R. 利维斯从根本上反对奎勒-科奇将文学研究视为一种美文训练的理念,但他也认为文学研究不应是纯学术性的。这一点值得注意,因为利维斯常被我们视为一位只关注"纸面上的文字"的纯粹文本批评家。虽然这无疑是他工作的一个重要方面,但他始终对语境感兴趣:他最初获得的是历史学学位,1924年的博士学位论文主题是"新闻与文学的关系",研究了不同写作类型在新兴资本主义市场中的纠缠所导致的高雅文化和通俗文化之间的分裂,这可以说是后来的"文化研究"的一个早期版本。

利维斯不赞成牛津大学英文系那种令他生厌的学院主义,"表现为把盎格鲁-撒克逊研究作为必修课,并把'语言'与'学科'关联起来的幼稚观念"(Leavis 1969:11-12)。尽管他确实借鉴了瑞恰慈的著作来制定自己的文本细读技巧,但他也批评了"那种暗示实用批评是一种像体操一样需被单独培养和练习的专业技巧的看法"(Leavis 1975：19)。特别是在剑桥英文系,正如他的入门课程《文化与环境》(*Culture and Environment*, 1933)所展示的那样,利维斯倾向于将实用批评技巧扩展到广告、通俗报纸、流行小说、读书俱乐部和文学遗产行业等。他创办的杂志《细察》(*Scrutiny*)影响力巨大,成为传播利维斯观点的主要手段之一,也是跨学科学术的典范。除了发表传统文学批评之外,它也刊登有关电影、音乐、广告和其他流行文化形式的论文与评论。利维斯将文学批评视为一项界限明确,但又具有相对可渗透性的事业,与许多其他文化活动领域密切相关,因为"真正的文学兴趣是对人、社会和文明的兴趣,其边界无法划定;这个形容词不是一个限定词"(Leavis 1972：200)。

利维斯于1940年撰写的文章《英文系蓝图》("Sketch for an English School")旨在重新设计剑桥英文系的课程,他的建议反映了一个总体观点,即英文系的学生除了学习公认的文学经典之外,还应该学习一门外语、比较文学,以及政治、经济、社会和思想史方面的知识(Leavis 1948：54)。他还以更大的跨学科名义,设想英文专业的学习还应包括一个特别专题课程,即英国17世纪研究,以便更深入地研究文学与社会之间的关系。该课程将涉及社会学、经济学、政治学、历史学以及文学等领域,涵盖内战、资本主义崛起、新科学以及高雅与大众文化之间不断变化的关系等主题(52-54)。

要了解这些课程设置,需要把它们与利维斯有关大学作为一个机构的总体构想联系起来。这些思想的发展至少可以追溯到1932年的第三期《细察》杂志中,他在该期文章中评论了亚历山大·梅克勒约翰(Alexander Meiklejohn)的《实验学院》("The Experimental College")一文。利维斯以后者提到的威斯康星大学所建立的一门范围广阔的通识课程为基础,进而认为现代大学的核心问题也是一个困扰社会整体的问题,即,在一个"技术-边沁文明"(technologico-Benthamite civilisation)中,劳动被分割成不同的独立单元。(Leavis 1969:24)这一术语在利维斯的著作中常被用作贬义,值得我们多做些解释。它指的是杰里米·边沁(Jeremy Bentham)提出的"功利主义"哲学,边沁在《道德和立法原则导论》(An Introduction to the Principles of Morals and Legislation,1789)一书中指出,生活的目的是幸福,任何道德哲学都应该以追求"最大多数人的最大幸福"为基础,而幸福程度可以通过"幸福计算"来确定。为此,边沁还认为,教育应该基于"学以致用"(chrestomathic)原则,即,教育的目的应该是有用的知识,而不是教育本身[Bentham(1789)1982:1-41]。对利维斯来说,边沁主义原则在资本主义社会的主导地位有利于推动一个冷酷无情的合理化和标准化进程,以及支持对科学技术改善人们生活的力量的不加批判的信念。虽然专家队伍的形成越来越被视为"大学的最高目标"(Leavis 1948:25),但利维斯主张应当继续奉行一个博雅、全人教育理念,这是欧洲现代、自由开放的大学在19世纪初得以建立的根基。

然而,利维斯也认识到,不可能完全回归到一个包罗万象的知识体系的理想。相反,大学需要使这一理想适应现代世界的复杂需求,促使"专业研究……与强大的人文中心共存"(Leavis 1969:3)。在日益专业化的顽固现实中,必须有一门能够为利斯的跨学科理想提供支点的学科。作为一名英文教师，他给出的建议毫不奇怪：他建议把英文专业重新定位为一门重要的学科，形成大学内部吸引其他所有学科的枢纽。他认为自己的学科尤其能够发挥这样一种综合功能：

> 因为它是一个人文科系，而各种研究以之为中心的那种非专门才智（non-specialist intelligence）将在这个中心接受文学方面的特殊训练。这个特殊（special）却非专门（specialist）的学科就是文学批评，它与感性、判断力和思维有关，从根本上来说是关于非专门才智训练的学科。（Leavis 1948：43）

最重要的是，利维斯认为英文研究必然是跨学科的，因为构成其教学大纲的伟大作家的作品不可避免地包含了对生活、社会、文明和思想更广泛的兴趣：“文学研究的特点之一是它不断地导向自身之外，而且……虽然有必要要求它更关注学科根本问题，但如果没有它在其他领域的相关工作，这种关注便是不够的。”（35）

很明显，在强化英文作为一门学科的属性和鼓励它与其他学科进行有效的交流之间存在矛盾。除了关注其学科范围和对其他学科的接受度之外，利维斯还"非常专注于证明文学批评是一门特殊学科——一门智性学科，有自己的专属领域和方法"（Leavis 1969：45）。"学科"一词经常出现在他的笔下，既用来界定作为一个独立实体的英文系，也是指它对批评才智的运用，他认为这也是英文学科的主要活动之一。事实上，如果不了解利维斯等人在剑桥大学把英文系确立为一门被认可的、值得称赞的学科所遭遇的巨大困难，以及他和同事们围绕这一学科的地位和方向问题经常在英文系内外爆发的激烈争论，便很难理解他所设想的那种作为理想大学的"人文中心"的英文系。在这一背景下，他的《英文系蓝图》与其说是跨学科的，不如说是帝国主义的，其目的是将所有学术研究都集中在英文系的教员身上，并强化自己学科的权力基础。由于他不愿意承认这一点对自己的影响，这个规划反倒显得愈加重要。

这种试图让文学研究优先于其他学科的尝试有两种主要形式。首先，利维斯力图确立英文研究相较于古典学和哲学——这两个学科是代表人文理想的直系前辈——的优势，虽然他慷慨地谢绝了将它们逐出他的理想大学的建议（Leavis 1948：39）。剑桥大学古典系教授、英文系的冤家对头 F. L. 卢卡斯（F. L. Lucas）却将文学批评斥责为"训练评论家"的"迷人寄生虫"，并坚称自己的学科才能培养出最有教养的绅士（Mulhern 1981：31）。利维斯则反过来批评古典学忽视了批评家的关键社会职责，不关注对文学作品的评价和鉴别，以至那些"受过完整古典学教育的人"才会认为像沃德豪斯（P. G. Wodehouse）和豪斯曼（A. E. Housman）[1]那样不入流作家的作品是伟大的（Leavis 1948：39）。利维斯对哲学的反感在他与批评家勒内·韦勒克（René Wellek）关于理论在

---

[1] 沃德豪斯（1881—1975），一位非常多产的英国喜剧小说家和剧作家，写有一百余部小说和电影剧本。豪斯曼（1859—1936），英国学者、诗人，曾长期执教于剑桥大学，豪斯曼的诗善于模仿英国民间歌谣，使用日常词汇，追求简朴平易风格。

文学研究中的作用的讨论中显而易见,他呼吁将文学与哲学分离,以免"锋芒被钝化、焦点被模糊和注意力被误导,结果是用一门学科的习惯来扰乱另一门学科"(Leavis 1972：213)。但最能概括他的想法的是一部在他去世后出版的论文集的标题:《作为反哲学家的批评家》(*The Critic as Anti-Philosopher*, 1982)。

其次,正如他在20世纪60年代初对C. P. 斯诺(C. P. Snow)的《两种文化与科学革命》("The Two Cultures and the Scientific Revolution")一文的猛烈抨击所表明的那样,利维斯的博雅教育模式十分敌视科学。斯诺是一位受过科学训练的著名小说家,他在一次演讲中对科学和人文学科无法在一个共同层面上相互交流表示遗憾。斯诺曾认为,一个受过教育的人应该像熟悉莎士比亚一样熟悉热力学第二定律。针对这个观点,利维斯明确区分了这两种文化,声称"在如此迥异的两者之间画等式毫无意义"。他把自己与斯诺的争论归因于他们对学术界的不同看法,尽管他们都把大学看作理想社会的原型,但利维斯"与斯诺不同",他关心的是"使它成为一所真正的大学,而不仅是一个专业院系的组合——使之成为人类意识的一个中心:感知、知识、判断和责任"(Leavis 1962：27,29)。这似乎有失公允,因为斯诺的演讲尽管有明显的科学偏见,但意在弥合科学和人文之间的鸿沟。然而,利维斯的回答确实清楚地表明,他以英文系为中心的跨学科文科教育理念是基于对科学的系统排斥,因为科学是他所痛斥的技术官僚、功利主义社会的代表。

利维斯的文学研究规划也基于其他禁令,因为他的批评模式非常强调价值评判,包括审查哪些作品能够进入英国文学"伟大的传统"。因此，利维斯对流行文化的关注极为勉强：虽然它无处不在的影响要求对其进行研究，但这也只是为了迎合"替代生活"的口味，让大众接受"最廉价的情感诉求"（Leavis and Thompson 1933：99；Leavis 1948：149），让他们把平庸简单的事物与严肃艺术混在一起。如果从根本上说，一个学科是由它把什么从其领地中排除来界定的话，那么利维斯的规划就是完全带有学科性的，因为它涉及将其关注领域限制在一小部分公认的经典文本上，并且只有在达不到其标准的情况下，其他文化形式才会被研究。

利维斯与大学

我已经提出，任何关于跨学科的讨论都需要与学术界的制度性发展相联系，利维斯的理念也不例外。他的学术生涯贯穿英国大学的一个巨大变革期，从20世纪30年代初开始，当时只有极少数人就读于少数精英大学或大学学院，直到"白瓦"校区大学（white-tile campus university）[1]形成的20世纪70年代，理工大学和开放大学的出现才彻底改变了英国的高等教育面貌。利维斯关于英文系和大学的许多构想都是针对这些发展而制定的，因

---

1 白瓦校区大学一般指建校时间短、学校排名比较靠后的英国大学，大多成立于20世纪70年代，以理工类和开放性大学为主。与之相对的是金三角名校（Golden Triangle）和红砖大学（Red Brick University）等建校历史悠久、享有很高学术声誉的著名综合性高校。

为他自认是一个精英分子,始终坚信"牛津和剑桥为国家培养精英"(Leavis 1982：161),并强烈主张保护古老大学的独立性和优越性。

在利维斯的理想大学中,这种自治将会在他所设想的更自治的精英堡垒英文系中得到加强。英文系的课程以剑桥学士学位的第二阶段为基础[1],在设计上具有学术挑战性,旨在从一个早已是排他性的机构中吸引一小部分精挑细选的成员,虽然培养的学生数量有限,却为大学里的其他部分提供了"一个标准、一个中心以及一个激励和启发的源泉"(Leavis 1948：42)。同样,整个大学被想象为"文明世界的意识和人道责任的中心"(Leavis 1969：3),这意味着它与社会的关系被明确定位为既与之分离又与之息息相关:在一个堕落的文化中,它是传统和卓越的重要象征,它的进步品质应该被渗透到更广泛的文化中去。然而,当大学和英文系仍是这种封闭机构的时候,它们应该如何对外面的人产生渗透影响,这个问题往往并没说清楚。

利维斯把大学看作一个普遍庸俗的社会中救赎价值观的重要传播者,与此同时他也怀着一种矛盾的热情,承认他把学术界视为不偏不倚的人文学术中心的理念与这个机构本身的性质之间的关系常常是脆弱的。在一定程度上来说,他的英文系构想就

---

[1] 剑桥大学英文系的本科课程通常分为两个部分,第一部分在前两年完成,以学习英国文学史为主,同时着重培养学生在"实用批评和批评实践"方面的能力;第二部分在三年级以后开设,以专业选修课程为主。参见剑桥英文系的课程介绍:https://www.english.cam.ac.uk/admissions/undergraduate/course.htm。

是承认大学几乎没有达到其理想,因为他试图在一个已经堕落的机构内建立一个尚未腐化的空间。自从"英文研究社"(English Research Society)——一个由本科生、研究生和教员组成的无等级临时组织——于20世纪30年代在利维斯的家中聚会以来,他就有了在大学内部成立一个独立自足的据点的设想。《细察》杂志算是这方面的一个实例,他声称"虽有那个剑桥,这才是真正的剑桥"(Leavis 1982:175),承认它虽存身于这所大学之内,但又以其最强大的要素被边缘化。正是由于利维斯对学术机构的矛盾看法,他才把英文系设想为大学的活力中心,代表着它最好的要素,同时又超越了象牙塔的僵化和内省(introspection)。

这部分解释了他在批评实践中把英文研究既定位为学科同时又是跨学科的明显矛盾。利维斯认可英文系并不确定的学科基础——它反对抽象的哲学理论和功利主义的科学,并能够与其他人文学科的兴趣产生交叠——并使其成为英文系位居大学内部中心位置的标志。他认为文学批评既是一门具有极端知识严谨性的学科,也是一门涉及情感反应和创造力的学科,"既是一种智性训练,也是一种情感训练;既是一门思维的学科,同时也是一门对感情、感觉和意象的微妙组织做出反应的严谨敏感的学科"(Leavis 1948:38)。同样的看法也可以从他笔下反复出现的那些含糊不清的赞许用语中看出,如"对生活的虔诚开放""活力""智慧""经验""道德强度"和"理智的肌肉"等。这些术语指向文本之外的生活整体,并表明英文系的关切无法通过抽象的科学语言表达出来,但也可以说它们构成了哲学家理查德·罗蒂(Richard Rorty)所说的"终极语汇"(final vocabulary)的一部分。对罗蒂来说,这语汇之所以是"终极的","乃因为凡对这些语词的价值产生了疑惑,其使用者都不得不求助于循环论证,以求解答。那些语词乃他在语言范围内所能做到的一切;超出了那些语词,他便只有无助的被动,或诉诸武力"[1](Rorty 1989:73)。从这个意义上说,利维斯所使用的那些基本上无法解释的术语与任何学科的专业词汇并无太大区别:它们是一种无法回答的封闭语言,旨在为所有在本领域内工作的人员所接受,且不容争辩。同样的学科规划也在他对文本分析的定义中体现得很明显,他将文本分析描述为:

> 我们寻求完整阅读一首诗的过程——一种尽可能接近完美的阅读。它绝不带有那种"为了解剖而杀害"的性质,把它理解为实验室方法也会完全曲解它。我们只有通过一种内在的占有才能拥有一首诗;只有当我们对页面上的文字做出恰当的反应时,它才出现"在那里",成为被分析的对象。(Leavis 1948:70)

这里有一种华兹华斯式的对自发性和自然性的颂扬,它与讲求论证和分析的传统学术活动相悖。然而,这首诗仍然"在那里",有待学习和研究,需要学习技巧才能做到。

利维斯认为文学研究既在大学之内又在大学之外,既不像是

---

[1] 引文参考中译本《偶然、反讽与团结》(徐文瑞译,商务印书馆2003年版),第105页。

一门学科同时又能发挥学科的作用,他的这个信念值得怀疑,它主要可归因于这门学科颇有问题的起源,以及利维斯自身对剑桥英文系教师群体的疏离感。他认为英文系是无定形的,但这个想法忽视了大学及其中的所有学科在本质上都是按照特权等级被组织起来的机构,而且与更大范围内的政府、社会和文化权力网密切交织在一起。在这方面,他设想英文系能够不受腐败学术机构的影响,这与我在引言中曾谈到过的康德在《学科之争》中所设想的大学组织方式相似。在那篇文章中,康德将哲学视为一门不受政府和其他现实问题影响的学科,所以它才能够充当其他所有学科的监督者,只受"理性"的公正实践的指引。正如雅克·德里达令人信服地论证的那样,康德的文章是基于对起源的被误导的搜寻,因为"没有一个纯粹的大学的概念……原因很简单,大学是被建立起来的。任何一个奠基事件都永远不能仅在它所建立的逻辑中被理解"(Derrida 1992b:30)。换言之,康德建立了一个研究领域,它以某种方式祛除了大学内部的权力结构及其对社会和国家的责任。与之类似,利维斯的大部分著作也都是基于反对资本主义社会的渐进式分工,他指责这种分工导致了"纯粹专业主义"(pure specialisms)的"无功能的纯粹"(functionless purity)(Leavis 1948:62),所以他将自己的学科标记为"特殊"而非"专业",从而将其从这一历史进程中排除。利维斯为英文系确立了范围和规程,明确将其定位为一门学科,同时也推崇其作为一个包容性的跨学科领域的独特地位。

英文系的文化工程

因此,利维斯所设想的跨学科有一个局限:它基于这样一种观念,即文化统一感已经丧失,需要组建一个在某一学科内工作的精英团队,以确保修复这种统一。从这个意义上说,它借鉴了丰富的文化批评传统,至少可以追溯到塞缪尔·泰勒·柯勒律治(Samuel Taylor Coleridge)和马修·阿诺德(Matthew Arnold),这个传统本身就依赖于一个后浪漫主义的理念,即审美是"无情世界的心"(Easthope 1991:13)。在《关于教会和国家的宪法》("On the Constitution of the Church and State",1830)一文中,柯勒律治倡导成立一个由作家和艺术家组成的"神职阶层"以替代"国家教会",使其作为"人文学科的源头,培育和扩大已经拥有的知识,留意物理和道德科学的关切……其最终目标和意图就是:保护传统文明的宝库,从而将现在与过去联系起来"[Williams (1958)1961:78]。阿诺德为维多利亚时代中产阶级的市侩庸俗和工人阶级的愤懑不满开出了类似的解药:文化是"被想过和说过的最好的东西"的宝库,是"甜美和光明"的源泉,社会的"无政府状态"将通过"文化"的自由力量得到拯救。阿诺德似乎一直积极反对将文化局限于一个专业小圈子,因为伟大的文化使者"努力将一切粗糙、难懂、抽象、专业的和生僻的内容从知识中剥离出来,使知识变得富有人情,即使在受过良好文化教育、有学问的小团体之外也行之有效"[1][Arnold(1869)1993：79]。但他的确承认,如果文化要实现社会转型的目标,就需要集中力量,而这只能由一群不偏不倚的"异己分子"(aliens)[2]来进行,他们能够从社会的堕落和腐败中抽身而出,"与实用目的保持疏远"(110,37)。

尽管阿诺德并未直接关注专业文学批评,而且确实反对将其发展为一门自主学科,但19世纪末20世纪初的英文系教授,如大卫·马森(David Masson)、亨利·莫利(Henry Morley)、乔治·戈登(George Gordon)和奎勒-科奇等人都接受了这种文化启蒙的理想,以便为新兴英文学科提供辩护。1921年,在政府赞助下,由亨利·纽波特爵士(Sir Henry Newbolt)担任主席,包括奎勒-科奇和I. A. 瑞恰慈在内的一个委员会提交了一份关于"英国的英文教学"(The Teaching of English in England)的报告,这份报告进一步巩固了阿诺德的事业。在第一次世界大战之后不久完成的《纽波特报告》充满爱国主义热情,它将英国文学确立为民族文化的主要传播者,认为它应该取代古典文学成为核心人文学科,甚至表示希望它将在一个世俗化的社会中承担起宗教的神圣角色。这种文化使命肯定了文学与生活的不可分割性,这意味着英文研究不能被简单定位为一种只关注文学技巧问题的学科研究模式,例如"一首诗到底是抒情诗还是史诗,是扬抑格还是抑扬格"(Board of Education 1921：273)。报告还说：

---

[1] 引文参考中译本《文化与无政府状态》(韩敏中译,生活·读书·新知三联书店2008年版),第34页。
[2] 同上书,第76页。

> 英语不仅仅是我们思考的媒介,也是我们思考的材料和过程……我们生活和工作的要素。从其完全意义上讲,它不仅意味着熟悉一定数量的术语,或者能够拼写这些术语时不出大的差错。它意味着以最最直接的方式发现世界,意味着在我们土生土长的环境中发现我们自己。(Board of Education 1921: 20)

值得注意的是,报告还对美国研究型大学的学科专业化所鼓励的"传送带"(conveyor-belt)思想表示怀疑:

> 美国学生为了获得博士学位而撰写并在后来发表的关于英国文学的许多长篇大论都是误入迷途的纪念碑;简言之,作为一种鲜活之物的、真正意义上的文学已经被丢失了,取代它的是追随德国那种最糟糕的"研究"模式之后兴起的调查(investigation),对那些写作和阅读它的人来说都是千篇一律。(Board of Education 1921: 236-237)

由此,《纽波特报告》更支持人文通识主义(humanistic generalism),认为它好过那种在它看来枯燥乏味的德国式的"学术"(scholarship),这个看法在一定程度上也是第一次世界大战后反德情绪的产物。但这份报告显然在将英文研究定位为一个广泛的教会和一门学科之间存在矛盾,例如,它强调历史语境和哲学观点对文学研究有用,但又警告人们不要犯"严重错误",即误以为文学只是历史学、社会学或哲学的一个分支(205-206)。英文研究被视为边界足够开阔、可以包含大范围的材料，但它仍然必须具有常规学科的明确职权范围，并且不应使用文学"培养肤浅的印象主义和不真诚的流利表达"(126)。因此，从一开始，学术文学研究就将自己视为道德再生、阶级和谐及促进特定民族认同的宏大事业的一部分，而这项事业与人们认为需将英文研究确立为一门学科的需要并存，有时甚至相互龃龉。

利维斯继承了他的前辈的跨学科思想，这种思想建立在一种怀旧信念之上，即认为批评的任务是恢复社会和文化中失去的整体感。不过，利维斯在这方面同样受到来自同时代人T.S.艾略特的强烈影响。与利维斯一样，艾略特提出了一个包容性的文化概念，认为文化是"一个民族的所有特色活动和利益关切"，同时他也将自己的终极信仰放在精英文化以及能够与过去的伟大作家保持文化延续性的少数人身上(Eliot 1948：31，16)。艾略特在他的论文《玄学派诗人》("The Metaphysical Poets")中提到了一种源于17世纪的"感受力的分裂"(dissociation of sensibility)，后来所有的文学都受其影响。玄学派诗人"就像闻到玫瑰花香一样立刻感受到他们的思想"，而他们之后的作家们却可悲地将思想与感情、理智与情感分离开来(Eliot 1951：287)。利维斯深受这一灾难性分裂时刻概念的影响，并将其扩展为针对文化与社会分裂所导致的有机共同体丧失的更广泛批判。事实上，他之所以建议把17世纪作为英文专业学位主修的一门特别课程，正是因为它是情感分裂开始的时刻。利维斯认为，文学批评的目的是弥合这个困扰了人们好几个世纪的悲剧性分裂，从这个意义上说,他的批评是跨学科的:文化和社会已经相互分裂,而裂痕需要通过大学学科的整合研究来修补。利维斯坚持认为英文是一门绝无仅有的学科,这在一定程度上掩盖了一个悖论,即这门学科是由一个本身与社会其他部分相分离的少数群体所实践的。

因此,利维斯为文学批评所设想的角色是从他更总体的观点中发展而来的,这一论点最初在他早期的一篇文章《大众文明与少数人文化》("Mass Civilization and Minority Culture")中得到阐发,他认为"文明"和"文化"已经彼此分离,"在任何时候,艺术和文学的鉴赏力都取决于极少数人"(Leavis 1948:143-144)。在他有关大学和英文系未来的著述中可以明显看出,利维斯认为文学研究学科是这一少数人文化的捍卫者。文学批评家的任务是从社会中进行一种战略性退却,以形成一门最终实现跨学科综合和社会转型的学科。为了在瘫痪无力的怀旧情绪和向现代化力量投降之间找到一条中间路线,利维斯建议通过巩固英文系的"特殊"学科地位来加强后防。直到最近几十年,他的英文系模式一直是该学科的主导模式:它的跨学科性受到其更广泛的文化、更新规划的激励,但同时又坚持认为英文学习应包括严格"中立"的文本阅读,以及那些只能在学科范围内获得的技能。在这种对经典作品细读的强调中,英文系的救赎使命被认为是不言而喻的,但批评家自身对学科的机构投资(institutional investment),以及它与其他学科和整个社会之间的权力纠葛,却很少被承认。

美国的英文系

接下来我想简单谈一下美国的情况。美国的职业文学研究与英国差不多在同一时间诞生，也就是在19世纪的最后二三十年，在旧的文理学院向新的研究型大学转变的时候。从一开始，美国的文学批评就受到同样的争论的困扰，这些争论都是关于英文研究作为一门学科的科学地位与其跨学科抱负之间的关系问题。在美国，文学研究最初走向专业化的动力在很大程度上是由精通德文的语文学家提供的，其无可争议的严谨性使文学研究在院系化组织的现代大学中成为一门学科。1883年，美国英文学科的职业组织"现代语言协会"（Modern Language Association）成立，从这个名称中仍然可以看出它与语言学的最初联系。对于这些语言专家来说，文学往往只是被用来举证的文字材料，所以像约翰斯·霍普金斯大学的詹姆斯·布莱特（James Bright）这样的正统人士才如此说道："把一位语言学家描述成一位文学教授，如同把一位生物学家当成一位蔬菜教授一样荒谬。"（Graff 1989：68）然而，也有传统的人文通识主义者，他们支持把文学批评视为文化圣战的阿诺德式理念，强烈反对这种学科模式。与英国大学一样，这些早期版本的跨学科倾向和持续的反学院主义（antiacademicism）之间存在明显联系。人文主义者支持语文学家将英语确立为一门学科，因为他们认为这可能为他们自己的阿诺德式目的服务，但他们也高度怀疑让这些目的从属于专业要求的做法。

正如亚瑟·N. 阿普尔比(Arthur N. Applebee)所说:"语文学的声誉帮助英文研究取得了合法性,但并不一定对其构成限制。"(Graff 1989:56)

随着英语写作课程重要性的提高,情况变得进一步复杂。英语写作是从传统大学的修辞学和演讲课发展而来的一门学科,它满足了政府和各行各业对高水准写作能力的日益增长的需求。通过向其他院系学生提供写作课程,美国的英文系才有钱资助他们大部分的研究和教学项目。事实上,直至今日这种情况仍然常见。理查德·奥曼(Richard Ohmann)反驳了阿普尔比的观点,认为"文学是这个职业所选择的科目,而写作是创造这个职业的科目"(Ohmann 1976:94)。"新生英语"或"英语101"等课程有可能将这门学科推向另一个不同的方向,使其更多地建立在专业培训的概念上,而不是许多文学评论家所持有的基础广泛、跨学科的理想。这些课程虽然经常受到授课教师进步理念的影响,但基本上是基于各行各业和政府对"精英统治的修辞术"的要求而制定的(97)。不过,尽管写作课为英文系开展许多其他活动提供了资金,但它并没有严重妨碍文学批评作为其中心活动的崛起。

与在英国一样,美国的文学批评从20世纪20年代开始走向全面专业化,它摒弃了文学研究仅仅是欣赏和赞美上层社会品味的观念,确立了文本解读的首要地位。这个过程恰逢"新批评家"的崛起,包括约翰·克罗·兰瑟姆(John Crowe Ransom)、艾伦·泰特(Allen Tate)、伊沃·温特斯(Yvor Winters)和克林思·布鲁克斯(Cleanth Brooks)等人。与他们的英国同行相比,新批评家们被更多地锁定在大学的专业学科环境中,主要任务是培养有抱负的学术批评家,这部分原因在于美国大学已经历史性地把工作重心从本科教学转向研究生教育。对新批评家影响最大的英国批评家不是利维斯,他属于更具体的英国文化批评流派,而是瑞恰慈。他们把瑞恰慈的实用批评按照自己的意图加以改造,倾向于认为只要有文本自身就足够了,并将其与其他类型的文本清楚地区分开来,拒绝那些心理学的、传记的或社会历史的阅读。

兰瑟姆在其论文《批评公司》("Criticism, Inc.")中指出,英文学科需要"确立批评的知识标准",建立一个明确的专业基础,不是由业余爱好者,而是通过"有学识的学者群体的持续努力"(Ransom 1938:328-329)发展出来。根据兰瑟姆的说法,英文系还需要将自己与相邻学科分开,并明确界定自己的职责:

> 对于一个系别来说,放弃其自重的身份确实是一个糟糕透顶的政策。英文系负责理解和交流文学这门艺术,但它通常忘记探究其产品的特殊构成和结构。英文系或许可以宣布它并不认为自己是完全自主的,而只是作为历史系的一个分支,偶尔也可以宣布自己是伦理学系的一个分支。(Ransom 1938:335)

新批评家的工作在整体上以这种对学科前沿的守护而特征鲜明。例如,在两篇被广泛引用的文章中,维姆萨特(W. K. Wimsatt, Jr.)和比尔兹利(Monroe C. Beardsley)认为"意图谬误"和"感受谬误"是误读文本的两种常见方式,前者指的是根据作者意图来阅读文学作品,后者指的是读者的主观情感反应对批评行为的干预[Wimsatt(1954)1970：3-39]。在这两种情况下使用"谬误"一词是一种常见的新批评策略：它意味着存在一种需要捍卫的文学批评规范,并且存在一些完全"错误"的批评活动。这些方法往往从哲学、心理学或历史学等其他学科中汲取不相干的素材。

然而,正如在英国一样,这种学科发展并非毫无争议,也并非完全自我统一。许多新批评人士致力于利维斯式的事业,即利用诗歌和批评来对抗现代社会的"技术官僚"和非人性化倾向,通常支持美国旧南方农村地区对抗北方工业地区。作为一个整体,他们对历史和哲学问题的关注也远比他们承认的要多。例如,1949年首次出版的勒内·韦勒克和奥斯汀·沃伦的《文学理论》(*Theory of Literature*)经常被视为一部新批评圣经,它确实非常关注"文学性"的本质问题,它的看法是,艺术作品是"一种独特的可以认识的对象","文学研究的合情合理的出发点是解释和分析作品本身"[1](Wellek and Warren 1949：157,139)。但韦勒克和沃伦谨慎地为"内在"阅读以及依赖传记背景、心理学、社会学、哲学和其他艺术的"外在"阅读腾出空间,即使他们认为后者终究是有缺陷的。在第一版的最后一章"研究生院的文学研究"中,他们也认为,学科专业化和职业化需要与"知识和文学方面的总体修养"相结合,包括外语、比较文学和哲学知识(291-295)。他们在结论中并未明确规定其学科目标,只是认为"集中似乎是对扩张

---

1 引文参考中译本《文学理论》(刘象愚等译,江苏教育出版社 2005 年版),第 164、145 页。

主义运动的一种必要的矫正方法,而过去几十年来文学史都是在这种扩张主义的影响下发展过来的",但"个别人可以选择结合数种方法在一起的做法"[1](282)。

即使在新批评的影响达到顶峰时,也有不同的声音出现,他们提出了杰拉德·格拉夫(Gerald Graff)所谓的"新人文主义"的主张,仍然坚持通识主义的非学科教育理念(Graff 1989：149)。所谓的芝加哥学派也有一个稍微不同的方案：他们和新批评者一样,也希望围绕文学研究发展出一种更系统化、更科学的批评实践,但他们也认为文学批评在方法上应该是"多元化"的。芝加哥学派的主要批评家之一克莱恩(R. S. Crane)批评了瑞恰慈等批评家所持有的"未经检验的信心",认为时代需要"扩大而不是进一步限制批评资源"(Crane 1957：iv-v)。该学派的另一名成员埃尔德·奥尔森(Elder Olson)也同样声称：

> 在我们这个时代,批评几乎是一座巴别塔……我们应该记住,人们在巴别塔上并没有开始胡言乱语；他们只是听上去像是在对彼此说一些胡话。当代批评方法的极端多样性并不比当代哲学中相似的多样性更令人震惊——事实上,它与之相关；两者的主要意义在于,它告诉我们需要进行一些批判,考虑一下某个特定科目的哪些方面可以被治疗,它们提出了哪些问题,以及如何

---

[1] 引文参考中译本《文学理论》(刘象愚等译,江苏教育出版社 2005 年版),第 311 页。

对这些问题进行不同的表述,从而从根本上考察这种多样性是如何产生的。(Olson 1952:546-547)

因此,奥尔森的方案与兰瑟姆在《批评公司》中提出的方案大不相同。尽管他认为不同的批评派别应该努力达成批评共识,但他承认这个方案永远是不完整的。在实践中,这意味着芝加哥学派比他们的新批评对手更有可能从历史分析、哲学,尤其是文学批评史中寻求借鉴。很明显,虽然与英国同行相比,美国的文学研究可能与大学职业语境有更公开的密切联系,但它仍然被其作为一门学科的矛盾地位所困扰。

英文系的倾圮

正如我在本章中试图证明的那样,文学研究中的跨学科并不是什么新鲜事:它从来都不是一门"纯粹"的学科,而是一个由相互竞争的美学、理论和科学话语组成的大杂烩。或许可以说,它特别意识到自己的"问题":它一直在不断地思考其核心议题得以形成的知识基础,以及换个形式会是怎样。与此同时,文学研究也一直受到另一种竞争性冲动的影响,即更清楚、更准确地界定自身的学科特征。

格雷厄姆·霍夫(Graham Hough)在 1964 年编著的文集《人文学科的危机》(*The Crisis in the Humanities*)中发表了一篇关于文学研究的未来的文章,探讨了这种紧张关系。虽然霍夫在文章中只是简单提到了利维斯,但很明显,他关心的是利维斯的跨学科理想是如何随着英文作为一门自主学科的出现而消失的,而且利维斯自己也推动了这一过程。霍夫认为,有一段时间,人们认为文学将成为人文学科的核心科目,取代古典文学成为"为所有不想接受科学或纯粹职业培训的人提供的统一的中心学科",但在实践中,"它却变成了与其他学科一样的'学科'"(Hough 1964:98-99)。对霍夫来说,这是在英文专业中发展出一个独立的荣誉学位(honours degree)[1]导致的直接后果:选择该学位的学生往往只阅读英国文学,而不必学习外语或熟悉社会思想史,而那些不选择英文荣誉学位的人则可以完全回避这个科目。他认为,用培养科学家或医生的方式来培养文学批评家的理念存在两个问题:首先,"这是对人文教育的总体目标的严重缩减",其次,"它涉及很大程度的虚假和欺骗"(102)。英文系远未成为大学的人文中心,它现在只是教给学生"一套特殊的技巧"(99),鼓动学生和批评者使用特定的术语来表达他们并不真正认同的批评意见。霍夫总结道:"我不认为任何人都应该只接受文学方面的高等教育。大学里所谓的'英文'本不应该像现在这样成为一门独立的'学科'。它需要与其他语言、历史和思想史的研究紧密结合起来。"(Hough 1964:108)

霍夫提出了一个重要的观点,即,尽管有着通识教育的抱负,但将英文塑造成一门学科必定是有局限的。首先,它在方法上就

---

[1] 荣誉学位相当于学士学位,通常又分为四个等级:一等、二等一、二等二、三等。

存在不足。正如他所说,利维斯派和新批评派的方案的基础是,建立一系列英文研究特有的方法和程序,这些方法和程序只能在该学科中应用。其次,它在主题方面也是有限的。当它由于关注范围太广而有可能变得边界模糊和定义不清的时候,英文研究通过专注于某些被明确界定的作品从而获得学科连贯性。然而,这往往意味着它作为一个学科的唯一合法性理由是一个基于价值判断和特定文化议程的极不稳固的文学观念。正如弗朗哥·莫雷蒂(Franco Moretti)所说:"如果每个人都像文学批评家那样只研究他们'喜欢'的东西,那么也有可能医生只研究健康的身体,经济学家只研究'小康'的生活水平。"(Moretti 1988:14)

霍夫的文章是在高等教育发生巨变的时候写的,并且在某种程度上预见了这些变化。一个稳固的正典观念的问题在于文化权威:由谁来决定应该研究哪些文本,以及为什么研究?当大学教育只限于少数特权群体,且这个精英群体在哪些文化形式值得被了解和保存等问题上存在共识的时候,这个问题就是可以克服的。但20世纪60年代以来的高等教育转型破坏了"共同追求真实判断"(Leavis 1948:70-71)的信念,而这是利维斯和他的许多同时代人的批评都依赖的信念。例如在英国,战后"婴儿潮"一代的成年导致了英国大学从20世纪60年代初开始的扩张,而自20世纪90年代初以来,学生人数的增长甚至更大。出现了更多女性、成熟的工人阶级和来自少数族裔的学生,他们的老师也不完全是白人、男性和中产阶级。在美国、澳大利亚和加拿大等其他国家也有同样的变化。学生和授课教师的日益多样化使得有关文学的各种充满价值评判的假定受到质疑,而传统文学研究学科所依赖的正是这些假定。这种知识不确定性的氛围已经在人文社会科学的诸学科中得到了回响。在一个日益多元化的大学中，科学客观性和学科一致性的观念正在不安地等待即将被排除在外的命运。

这些发展不仅意味着文学研究的学术内容在这几年得到了极大的拓展，包括了许多不同类型的文本，而且更普遍地说，也意味着该学科的地位和未来受到了质疑。到目前为止，我所检视的许多跨学科的事例代表了对失去的知识统一性的一种怀旧，它们认为英文学科是重获这种统一性的最佳途径。后利维斯时代的跨学科发展可能部分受到这些统合目标的推动，但也受到深刻的知识怀疑主义和不确定性的影响。它们既质疑了"文学"作为一个值得研究的独特范畴的地位，也质疑了学科作为更进步的知识和更开明的理解的提供者的全部性质。

第二章 文化中的文学

第二章 文化中的文学

在某种意义上,当代"文化研究"一词可以说是跨学科研究的同义词,因为它不同程度地借鉴了社会学、人类学、历史学、语言学、哲学、文本批评、视觉文化、科学哲学、地理学、政治学、经济学和心理学等不同学科知识。不过,在本章中,我将更具体地关注处于社会学和人类学等社会科学与人文学科交叉点的文化研究。这样做的一个结果便是通过将"文学"的范畴分解为更具包容性的"文化"概念来挑战文学研究的学科身份。更广泛来说,这意味着文化研究的特点便是对这些学科的限定性特征以及跨学科知识的可能进行批判性反思。

首先,值得强调的是,文化研究并不只是挑战了各个学科之间的划分。它植根于社会主义政治和女权主义、反种族主义以及同性恋激进主义等新兴社会运动,致力于一种综合研究并扩大"文化"的定义,这些都与身份和意义的文化建构问题有关,特别是与社会中更广泛的权力运作有关。因此,文化研究往往对那些仅采用兼收并蓄的文化研究方法却不关注知识和再现的政治的跨学科方案表示怀疑。正是在这一背景下,帕特里克·布兰特林格(Patrick Brantlinger)对美国研究(American studies)提出了批评。美国研究是"二战"后文学和历史学之间的跨学科合作结果,是对学术文学批评的狭隘文本方法的回应。布兰特林格认为,美国研究的非政治跨学科性意味着它最终不过是提出了一种简单粗暴地鼓吹美国例外论的"学术文化沙文主义"(Brantlinger

1990：27）。

虽然对美国研究的这种描述会让今天的许多学者望而却步，但毫无疑问，美国研究系最初在战后时期迅速崛起，并在美国、欧洲和其他地方都得到了巩固和尊重，它的确通常受到来自美国政府以及富布赖特委员会等政府赞助机构提供的经费支持。这与早期文化研究在大学处于边缘的状况形成鲜明对比。正是这种学科制度上的边缘化，加上文化研究明确的政治议程，使得它对传统学科将学者圈在学术飞地内、与外部世界的关切相脱节的方式产生了怀疑。理查德·约翰逊（Richard Johnson）认为，文化研究一直担心它可能被制度化和学科化，进而失去在与那些更为成熟的学科保持分离的同时又能"掠夺"（plunder）它们的能力：

> 方法或知识的规范化……与作为一种传统的文化研究的一些主要特征相悖：它的开放性和理论上的多功能性，它的反思性甚至自我意识，尤其是批判的重要性。我指的是彻底意义上的批判（critique）：不仅仅是批评（criticism），甚至不是论战，而是研究其他传统的方法，既是为了探究它们可能产生什么，也是为了知道它们阻碍了什么。批判包括窃取更有用的要素，并拒绝其他要素。从这个角度来看，文化研究是一个过程，一种产生有用知识的炼金术。一旦把它规范化，它的作用可能就会停止。（Johnson 1996：75）

随着文化研究发展成为一个时髦的研究领域，这种与传统学科间的批判性关系的未来问题已成为一个争论的焦点,我将在本章末尾继续讨论这一点。由于文化研究是一个充满争议和异质性的领域,我不打算对其跨学科的可能性进行全面的调查。相反,我想讨论六位关键人物的工作:理查德·霍加特(Richard Hoggart)、雷蒙德·威廉斯(Raymond Williams)、斯图亚特·霍尔(Stuart Hall)、米歇尔·德·塞托(Michel de Certeau)、皮埃尔·布迪厄(Pierre Bourdieu)以及约翰·佛柔(John Frow)。这些批评家以不同的方式,特别探讨了关于学科性质和跨学科的问题,为我们在文化研究中对这些问题展开更广泛的讨论提供了一些有用的方法。

奠基性文献

文化研究在大学内上升到一个值得尊敬的学科地位是一个漫长而偶然的过程。理查德·霍加特和雷蒙德·威廉斯是早期发展过程中的两个核心人物,他们的工作发端不是大学教学,而是他们在继续教育中心的最初岗位,或许也受他们因为其劳工阶级奖学金学生身份而感觉受到排斥的个人情绪所影响。不过,对于一个对学科持怀疑态度的学科来说,起源问题是一个有问题的问题:霍加特和威廉斯都否认自己是"奠基人",这个词确实有一种学科性的、父权制的倾向,它意味着一种智慧,以及由特权知识阶层传承下来的一系列离散的概念和方法。

根据汤姆·斯蒂尔(Tom Steele)的说法,还有一种常见的误解，即英国的文化研究只是作为英文研究的"私生子"出现的，不过是利维斯主义的一个激进分支（Steele 1997：49，3）。事实上，尽管英文学科可能扮演了"助产士"的角色，但文化研究实际是在20世纪30年代至50年代富有政治和跨学科倾向的成人教育项目的基础上发展起来的（9）。当时，成人教育工作者就文学与社会学、政治与文化之间的关系展开了广泛的辩论（3-4）。要去教育那些具有不同生活经历的工人，这就意味着必须通过教师和学生之间的对话来制定教育方案。正如工人教育协会（Workers' Educational Association）的一位导师在1939年所说：

> 无论在其他地方学习的目的是什么，在我看来，在工人教育协会中，对一门学科的学习不仅应该让人们了解该学科，而且应该成为一扇大门，通过它可以窥视到其他学科的重要性。一个被专业化高墙包围的学科，无论是在主题上还是理论上——经济学的、科学的、美学的——我相信，都会走向死胡同。（Steele 1997：18）

20世纪60年代以来，英国大学结构的变化在一定程度上促进了文化研究在高等教育中的制度化，这使得各学科之间可以有更加灵活的合作。例如，一些新校区大学（new campus universities）[1]，如苏塞克斯大学（1961年开办）和东安格利亚大学（1963年成立），都是以跨学科的"学院"而非系为组织基础的，这些学院汇集了许多

1　指建校时间短的大学。

不同领域的专家共同工作，要求学生学习专业以外的其他学科。更重要的是，分别于1969年和1970年成立的开放大学（一个通过函授、电视和暑期学校教授非全日制学生的开放机构）和理工学院（从传统技术学院发展而来的高等教育机构，通常教授有职业基础的学科）为跨学科研究提供了重要推动力。例如，当人们在理工学院从事英文研究时，由于资源限制以及教师的跨学科责任，它很可能位于更广泛的人文系内，并作为联合荣誉学位（combined honours degree）的一部分来进行教学。与此同时，开放大学率先开发了关于"文化"的人文学科跨学科课程。正是在这些教育机构中，文化研究方法从20世纪70年代初开始真正被普及。

不过，随着霍加特领导的当代文化研究中心（CCCS）于1964年在伯明翰大学成立，文化研究便获得了它的第一个立足机构。他的著作《识字的用途》（*The Use of Literacy*，1957）经常被视为这一领域的开创性著作，为人们对工人阶级文化进行批判性探究开辟了很多全新的领域：土地管理和园艺、铜管乐队、惠斯特汽车、海滨查拉班克之旅、舞蹈、赌博、工人俱乐部、鸽子爱好者和酒吧唱歌等。不论是在题材的选择上还是在方法上，这本书都是一部非学科化的著作，因为它将社会历史、人类学和文化批评与作者在约克郡的工人阶级童年生活的一系列自传体反思结合在一起。正如霍加特后来所写的那样，他自己所处的文学研究学科对这种包罗万象的做法有点瞧不上："我在……英文系认识的许多人对此保持沉默，就好像隔壁议会大厦里的一只脏兮兮的猫把一个奇怪的——甚至是一个臭烘烘的——东西带进了房子一样。"

（Hoggart 1991：143）。在文化研究艰难诞生于伯明翰大学的日子里，这种态度再次出现。尽管该中心一开始是英文系的附属机构，但经费必须从外部来源筹集，霍加特以前的一位同事将这一新研究科目称为他的"廉价帽子上的漂亮线条"（Steele 1997：119）。

霍加特在文中对流行文化有一种矛盾态度，这一点可以从该书一分为二的结构中看出。第一部分"'旧'秩序"（An "Older" Order）描述了围绕家庭和邻里仪式组织起来的传统工人阶级文化，主要以同情和庆祝为主题。第二部分"让位于新"（Yielding Place to New）哀叹美国化的新流行文化对工人阶级生活的危险影响，它带来了一个由流行歌曲、热辣杂志和刺激性小说组成的"棉花糖世界"［Hoggart（1957）1958：223，250］。霍加特特别批判20世纪50年代英国新兴的青年文化，即"自动点唱机男孩"，他们穿着帆布夹克，在牛奶吧闲逛，在"煮开的牛奶气味中夹杂着一种精神腐败"（248）。虽然霍加特建议我们应将文学研究向其他形式的研究开放，但他似乎保留了该学科的传统评价目标，特别是在"好的"和"坏的"民间文化之间所做的那种利维斯式的传统区分。

霍加特在当代文化研究中心成立后完成的作品中，将其中一些主题发展为对英文学科的角色及其与其他学科关系的讨论。首先，他承认，它作为一个独立的学科存在并非天经地义：

> 有时，我认为并不存在一个公认的"英文"学科，没有一个名副其实的整体，而只有一个人为的边界和一套

被选择的方法,出于复杂的历史和文化原因,它们才被称为"一门学科"。成千上万的人生活在这个参照系中:它是"英文研究"自我辩护、自我延续的封闭世界的一部分;在其他人文学科中,也有其对应的学科。(Hoggart 1982:125)

霍加特旨在通过当代文化研究的新领域来纠正这种不正常现象,他将这一新领域分为三个部分:历史-哲学、社会学、文学批评,后者是"最重要的"(Hoggart 1970:255)。这一表述承认了跨学科的重要性,但仍给人一种感觉,即不同的学科仍然是分离的,虽然它们以富有成效的方式结合在一起,以其中一个学科为中心。霍加特把文学置于优先位置的理由是,它提供了其他文化形式或知识框架所无法提供的对社会本质的独特见解,因为"文学最独特地关注整体人类反应,关注我们能够想象到的最充分的意义上的'生活品质'"(Hoggart 1982:136)。他提醒人们抵制那种自称"价值中立"的"冷酷、缺乏想象力"的社会科学,并认为,如果我们不能认识到某些文本的独特价值,"我们迟早会停止谈论文学,而是变成谈论历史、社会学或哲学——可能还是糟糕的历史、糟糕的社会学和糟糕的哲学"(Hoggart 1970:274,259)。尽管霍加特赞成用社会学和历史学的观点重振英文学科,但他在根本上似乎仍然忠于他的本学科。

雷蒙德·威廉斯的作品对狭隘的传统"文学"定义进行了更持久的批判,这个定义对英文学科的形成具有核心重要性,但他认为这是对"写作的实际多样性"的压制(Williams 1977:149)。

正如威廉斯指出的,"文学"的最初含义是跨学科的,因为直到18世纪末,它指的都是所有类型的写作,包括科学的、自传体的、历史的以及虚构的。文学是一种不同于真实或实用型写作的、充满想象力和创造力的很有价值的专业写作,这种观念很大程度上是一种后浪漫主义时期的发明[Williams(1976)1988：183-188]。事实上,在19世纪大学早期的语言学和修辞学课程中,仍然残留着这种早期的、普遍意义上的文学概念,它倾向于将各种文本——小说、诗歌、演讲、回忆录、历史和哲学等——全都放在一起,作为"优秀作品"的典范。威廉斯还对"文化"这个更为复杂的术语进行了类似的论证,这个术语也曾意涵广泛,从18世纪起,它开始与阶级、绅士风度和价值观等联系起来(87-93)。

因此,威廉斯的工作主要是跟踪重要"关键词"的用法变化,以及这些意义如何被用来把那些潜在统一的概念之间的区别具体化。这项工作与利维斯学派有一些相似之处,即将一个文化统一的失落时代理想化,但比之更具历史性。事实上,威廉斯的第一部重要作品《文化与社会》(*Culture and Society*)将利维斯对有机过去的回忆形容为"工业主义者或都市人所特有的怀旧心理"[1][Williams(1958)1961：252-253]。他还批评利维斯的教育入门读物《文化与环境》,认为其生活经验的概念完全来源于文学方面,并认为真正全面的文化研究需要考虑各种材料,包括利维斯轻易排除的科学和哲学话语:

---

1 引文参考中译本《文化与社会:1780—1950》(高晓玲译,吉林出版集团2011年版),第275页。

我们能汲取经验的方式不止文学而已,还有很多其他方式。因为,我们不但可以借助丰富的文学资源,而且还可以借助历史、建筑、绘画、音乐、哲学、神学、政治和社会学理论、物理学和自然科学、人类学以及整个学科体系。[1][Williams(1958)1961:248]

在他的下一部著作《漫长的革命》(The Long Revolution)中,威廉斯扩展了这一论点,声称文化分析的最终目的是"揭示迄今仍被割裂开来思考的各种活动之间存在的意想不到的同一性"[Williams(1961)1965:63]。他确定了三种定义文化的方式:第一种是"理想的"(the "ideal"),它代表了阿诺德式的高雅艺术和文学的"选择性传统";第二种是"文献的"(the "documentary"),指通过各种媒介记录人类经验和知识生活的不同方式;第三种是"社会的"(the "social"),指的是通过制度和日常实践表达的"特定的生活方式"(57)。对文化的透彻分析需要将所有这些不同的因素结合起来:高雅文化、大众娱乐、历史记录、时尚、生活方式和态度。目的是确定威廉斯定义的特定时期的"感觉结构",该术语指"在我们的活动中最细微也最难触摸到的部分……是整体组织中的所有因素带来的具体鲜活的产物"(64)。这一概念表明,尽管威廉斯反对利维斯对有机社会的怀旧召唤,但他的跨学科研究仍然基于"共同文化"的理念,这是一种可以通过批评来发现和分

---

[1] 引文参考中译本《文化与社会:1780—1950》(高晓玲译,吉林出版集团2011年版),第271页。

析的社会整体。然而,他确实强调,"从任何意义上说,共同文化的思想都不是一种简单的'意见一致的社会'的思想,而且肯定也不是单纯的'步调一致的社会'的思想",而是指"一种自由的、贡献式的、创造意义和价值观的共同参与过程"[1](Williams 1989：37-38)。

鉴于对文化的这种宽泛定义,威廉斯凭借《传播》(*Communications*,1962)和《电视、技术与文化形式》(*Television, Technology and Cultural Form*,1974)两部著作成为最早关注新的大众媒介形式的英国批评家之一,这并不奇怪。不过,与霍加特一样,威廉姆斯仍然对大众媒体的某些方面持批评态度,因为他认为大众媒体充斥着经济利益,与工人阶级生活的真实体验脱节。在《漫长的革命》中,他批评了忽视"不良文化问题"的"一种流行的煽动形式":

> 我们能否同意足球的确是一项美妙的运动,爵士乐是一种真正的音乐形式,园艺和家务活的确很重要?不过,我们能否也承认恐怖电影、强奸题材的小说、星期日漫画报以及最新的通俗音乐不是也存在于同一个世界上吗?还有杂志上刊登的那些有趣的爱情罗曼司、男子气十足的冒险故事(直捣龙潭虎穴)以及精致巧妙的电视广告,不是也都同时存在吗?[Williams(1961)1965：364]

---

[1] 引文参考中译本《希望的源泉:文化、民主、社会主义》(祁阿红、吴晓妹译,译林出版社2014年版),第43页。

威廉斯在这里与利维斯志同道合，认为他对流行文本的实用批评有条不紊，是对那些威胁传统共同体形式的强大机构的同样组织化努力的必要反击，在这些机构面前，"文学的巨大活力对比是一种基本控制和必然结果"(250)。当威廉斯使用"共同文化"一词时，他在一定程度上意指文化是整个"民族的生活方式"，但他也"使用文化的共同要素——它的共同体——的理念，用来批评我们实际拥有的分裂的和碎片化的文化"(Williams 1989：35)。他认为，通过使大众媒体更加集体公有化，以及使高雅文化被普及和民主化，以便让工人阶级能够欣赏和接近它，这种裂隙便可以得到弥补。从这个意义上说，威廉斯的跨学科性在一定程度上受到了"左派利维斯主义者"对某些文化形式的偏好的影响，这些文化形式被认为更能产生共同文化。尽管他试图解构和拓宽"文学"和"文化"的范畴，文学研究的传统评价和学科目标似乎仍以隐蔽的形式藏身于威廉斯的一些作品中。

社会学转向

1968年至1979年间，在斯图亚特·霍尔的领导下，当代文化研究中心开始更广泛地借鉴文化的社会学概念。社会学是社会科学的一个分支，主要研究人类社会和社会关系。从文化研究的角度来看，社会学的优势在于它必然涉及极为广泛的领域，也许比其他任何社会科学都更能接受来自哲学、历史学和政治学等其他学科的理论和方法。然而，霍尔及其同事并非不加批判地接受社会学影响，他们尤其对社会学作为一门科学的传统定义持怀疑态度，这种定义可以追溯到19世纪奥古斯特·孔德（Auguste Comte）和埃米尔·涂尔干（Emile Durkheim）的著作中。

孔德在1830年创造了"社会学"一词，作为其"实证主义"主张的一部分。他认为所有真正的知识都是通过经验方法获得的，因此自然科学的程序可以转移到社会科学中去。事实上，他将社会学定义为"社会物理学"（social physics），设想它是一门综合所有社会科学知识来对社会进行全面研究的学科。孔德认为，既然"人类思维创造了天体和地球物理、力学和化学"，社会学将"完善观测科学体系"[Comte(1830-1842)1974：27]。涂尔干是19世纪末社会学在大学得以建立的中心人物，他也设想社会是一个不受个人影响的客观现实，并敦促社会学家"把社会事实作为物来考察"[Durkheim(1895)1964：14]。事实上，社会学中随后的许多争论都围绕其科学地位的合法性展开，因为将自然科学方法引入纯粹的社会学研究显然存在问题。例如，社会生活有着巨大的复杂性和变量问题，社会实验也永远不能完全地再现自然状况。

当他在20世纪50年代开始他的学术生涯时，霍尔写道，社会学严重依赖于美国的理论和方法，这些理论和方法是"激进的经验主义和定量研究的"，因为它们起源于这种实证主义传统（Hall 1980a：21）。虽然这可能是对一个复杂领域的过度简化，但随着社会学在美国的专业化，它最终放弃了对政治参与和政策处方的兴趣，转而支持对社会关系的抽象理论研究，或类似于经济学的数字运算和建模。伯明翰文化研究学派的诞生确实引发了一些与"硬"社会科学家之间的学科冲突：该中心成立之后收到了两位社会学家的来信，他们警告该学科远离他们的领域，并且暗示如果它试图从文本分析转向当代社会研究，就会受到"报复"。该中心早期提交的研究资助申请也仅在附带条件下才能获得批准，即相关研究将由"恰当的"社会科学家提供补充，他们将用经验证据支持该中心的理论推测（Hall 1980a：21-22）。

因此，在霍尔领导下，该中心的工作避开了统计学的定量方法，更青睐基于实地调查的研究、访谈和民族志：在较长时期内对一个社会群体进行直接观察。尽管民族志方法已经在社会学中得到应用——特别是在英国传统中，它产生了关于家庭、亲属关系和工作文化的详细社区研究（Dennis *et al*. 1956；Young and Wilmott 1957；Kerr 1958）——但它与社会和文化人类学等涉及人类社会结构和文化的相关学科有着更密切的联系。直到20世纪初，人类学和社会学经常处于同一个大学系别中，前者通常聚焦于小部落等"原始"文化，后者则主要关注"复杂"的西方文化。这种传统区别意味着人类学有时会被指责，因为它强调发展中文化的不文明的"他者性"，从而再现了殖民主义态度。然而，当代文化研究中心使用民族志方法来研究距离本国更近的文化，并将其与传统社会科学家进行的更经验性的工作进行对比。它的民族志研究——比如保罗·威利斯（Paul Willis）的《学会劳动》（*Learning to Labour*，1977）——要比霍加特主要依靠个人记忆而非长期观察完成的类民族志研究成果《识字的用途》更为系统和严谨。为了这项研究，威利斯花了三年时间与来自米德兰郡综合学校的12名男孩在一起——与他们交谈，参加他们的课程，跟踪他们工作后度过的最初几个月，同时采访他们的父母、老师、职业领导、商店管理人员和雇主等——以展示男孩们是如何在学校形成一种强烈的玩世不恭和反叛亚文化的，这种亚文化导致他们进入没多少前途的工作岗位。

这些民族志方法也是对文本批评的一种含蓄指责，因为当代文化研究中心的学者非但没有在文化问题上后撤或者与之保持一定距离，反倒计划通过参与式观察来扩大讨论。不过，他们的工作仍然表现出对语言、文本性和意义的特别关注，这在一定程度上是当代文化研究中心起源于英文系的产物，并使其不受主流社会学的关注。霍尔和他的同事将这种文化的双重概念概括为社会生活的独特安排以及社会群体表达这些安排的方式：

> 文化包括"意义地图"，它使其成员能够理解事物。……文化是一个群体的社会关系被组织和塑造的方式，但它也是这些形态被体验、理解和解释的方式。(Clarke *et al.* 1976：10 - 11)

当代文化研究中心对文化"文本"的定义非常宽泛，它将日常实践、仪式、社会团体、不同形式和类型的媒体全都结合起来，从而彻底消除了位于文学批评事业核心的不同文化之间的道德评价差异。值得注意的是，该中心最具影响的工作是对青年亚文化的象征性资源的研究。霍加特曾特别批评过这些群体。有几个研究项目分析了光头党(skin-heads)[1]、摩斯族(mods)[2]、摇滚、朋克和拉斯塔追随者(rastas)[3]等工人阶级青年群体进行"仪式性抵抗"的方式。其他人则探讨主流文化,特别是媒体和教育系统在再现这些年轻人方面的作用。例如,在《监控管理》(*Policing the Crisis*,1978)一书中,霍尔和他的合作者讨论了20世纪70年代媒体对抢劫的恐慌及其与年轻黑人所代表的"威胁"之间暗含的联系。尽管当代文化研究中心的兴趣从根本上是对文化意义的解读,但它往往反映出社会学中关于社会结构和个体能动性之间关系的更广泛辩论。在社会学术语中,这可能被定义为功能主义(认为社会世界约束和限制了个人)和互动主义(认为个人可以与社会世界进行富有成效的互动)之间的矛盾关系。

霍尔声称,该中心不想将文化研究定位为"另一个学术分支学科",并通过拒绝对该领域进行规范化的设计,来努力防止"文化研究被吸收并融入社会知识分工"(Hall 1980a:18)。因此,它倾向于支持多作者合作完成的项目或研究论文,其目的是颠覆学科工作的通常背景:通过在同行专家和同事中建立声誉,使学者自身获得终身聘期或者提升职业地位等。最重要的是,该中心的

---

[1] 20世纪60年代流行于英国伦敦工人阶级子弟中的一种青年亚文化,在音乐、时尚和生活方式等方面都主要受到西印度群岛移民文化影响。

[2] 20世纪50和60年代流行于英国伦敦的一种青少年反叛文化,主要受到美国"垮掉的一代"影响,代表性元素为踏板式两轮轻便摩托车以及法式服装和发型等。

[3] 20世纪50年代在牙买加金斯敦贫民区兴起的一种黑人青年亚文化和宗教运动,其男性追随者常见行为特征有留长发、戴羊毛帽、吸食大麻、听雷鬼音乐等。

跨学科性不仅仅是一个多元化或包容性的问题；它在根本上还是一种明确的政治参与，这部分解释了它为何几乎只关注当代社会和文化问题。正如霍尔所说，研究当代问题拒绝提供"那种学术上的超然或距离的好处，而其他研究领域往往只需随着时间的流逝便会获得那种超然或距离。从定义上来说，'当代'……就是棘手的问题"(17)。换句话说，当代必然是一个未被规划的临时领域，因为它的不同元素刚刚成为公众讨论和记录的一部分，它还尚未被"学科化"。

也许最被当代文化研究中心的跨学科工作排斥在外的是文学；即使它讨论书面文本，往往也是青少年杂志或妇女周刊等流行文化形式。这种强调"活生生的"文化而不是书面文化的做法在一定程度上是纠偏性的，因为文化研究原本就是挑战文学在人文学科中的核心地位的一种方式。这一点也被当代的文化研究延续下来，其中许多研究都援引当代文化研究中心的工作作为重要影响源头，并倾向于关注电影、电视和数字技术等相对现代的媒体，或文化实践和社会形式。事实上，我们甚至可以说，自从这一"民族志转向"以来，当代文化研究与其说是文学研究，不如说更像社会科学研究。佩尔蒂·亚拉苏塔里(Pertti Alasuutari)甚至认为文化研究只是"新一代的社会学"，它认识到后工业文化和社会的复杂性需要更多的统计和定量方法来理解(Alasuutari 1995:24)。

但这太过规范化了：文化研究从未将自身视为特定学科的逻辑发展，而是在学科之间创造一个空间，以研究与权力问题相关的所有形式的文化。尽管 20 世纪 70 年代当代文化研究中心的案例研究往往基于社会学问题，如社会不平等以及阶级、种族和性别划分等，但他们的大部分工作都包含一个理论基础的清理过程，这对于其他类型的分析来说非常有成效。霍尔的"编码和解码"概念，虽然是专门针对电视的，却是一个很好的例子，说明了文化研究如何应用于广泛的文本。简言之，编码指的是媒体文本的生产，解码指的是受众对它们的消费，而文本之所以是不稳定的社会现象，正是因为这两个过程并不完全相同。在媒体机构、社会和政治结构、语言规则以及不同受众的各种解读之间的复杂协商中，文本变得千姿百态和"多义"（polysemic）（Hall 1980b：134）。

这种文化研究方法可以很好地提醒我们，书籍也是媒体文本；事实上，书籍确实是大众媒介的第一种形式，它在印刷机发明后广为传播，并与企业资本主义的兴起以及新技术和商品形式的发展密切相关。与其他大众媒介一样，书籍是通过最新的技术形式生产的，并通过复杂的包装、营销和分销技术销售。实际上，甚至可以说，过去两个世纪以来，媒介的每一项重大技术发展——旋转印刷机、摄影、无线电、阴极射线管、计算机和互联网的发明——都影响了文学文本的创作，无论是在写作、出版、营销还是传播方面。文学作品在意识形态上之所以有趣，也是因为它们经常发挥几种共存或相互冲突的功能。虽然它们可以用来传播官方意识形态或为其作者和出版商牟利，但它们也可以促进意义在整个文化中更广泛的传播。作家的文字被转载到纸上继而进入读者的手、眼睛和头脑的过程，并不是一个中立的、未被中介的过程，无论是文学文本，还是其他类型的媒介文本，这都一样复杂。

从这个意义上说,文化研究与大众传媒社会学的结合能够让我们将文学视为更广泛的一系列经济和文化实践的一部分。

日常生活的文化

在其最具影响力的著作《日常生活实践》(*The Practice of Everyday Life*)中,米歇尔·德·塞托进一步拓展了文化研究的跨学科可能性,其目标是"将科学实践和语言带回它们的起源地,即日常生活"(de Certeau 1984:6)。这本书研究了诸如散步、玩游戏、阅读、购物和烹饪等日常文化实践从当代文化广泛的权力和监督网络中逃走的方式,认为正因为被认为是琐碎和平庸的,它们才得以逃脱。这些活动可以作为一种从内部微妙地抵制主流文化的方式,并将其用于颠覆目的(xii - xiii)。德·塞托的著作被普遍应用于文化研究,尤其是在约翰·菲斯克(John Fiske)的作品中,被用来证明对大众文化文本的消费能够挑战资本主义、种族主义和父权制貌似无所不能的结构(Fiske 1989:35)。

但更广泛地说,德·塞托对日常文化实践的讨论与他对知识的制度政治的关注有关:学术生活的分化、学科的僵化以及"哲学家"如今被"专家"占了上风等(de Certeau 1984:7)。对于德·塞托来说,学术学科总是由"它们为了建立自己的领域而必须排除出去的东西"(61)来界定的。最重要的是,它们"在实践的'抵制'和不可还原为思想的象征化的基础上",将现代生活划分为"科学的与占主导地位的各个方面"(6),从而忽视了日常生活实践。这使得学科从它正在分析的对象或经验中后撤,并将其学术化,抛弃它认为不相关的东西,保留剩余部分作为一门"科学"的基础。因此,每一门学科都"赋予自己先验的条件,以使其只有在自己特定的有限领域——它记录并描述事物的领域——内才会与这些事物相遇",而它在知识上的严谨性"与它对自身范围的严格界定相对应"(61,6)。

德·塞托对"战略"(strategy)和"战术"(tactics)进行了重要区分,这进一步将他的日常生活理论与知识的学术学科化联系起来。"战略"是"对力量关系的计算,自权力和意志的主体从'环境'中分离出去的那一刻开始,这种计算便成为可能"(xix)。换言之,这是一种发生在学术学科和其他具有既得利益的强大机构中的活动,通过这种活动,主导群体将不受欢迎的因素定位为被排斥的"他者"。相反,战术是这些不受欢迎的分子在相对无能为力的情况下实施的一种"反学科"形式,"一种发生地点不固定的蓄意行为",它只能"在外部力量强加给它并按照外部力量的规则组织起来的地盘上进行游戏"(37)。战术是日常生活中的实践,对于社会力量有限的人来说是一种微观政治学,正是这些实践需要成为跨学科研究的对象,因为它们被如此系统地排除在传统学科之外。值得注意的是,德·塞托将"战术"定位在相当有限的范围内,认为它不可能推翻整个体系,因为"人们只能将就使用他们所拥有的条件",并沾沾自喜于"绕过了限制空间的规则"(18)。类似地,我们永远不能完全抛弃学科,它是组织和约束知识的方式,但我们可以使用颠覆性的"战术"来设想新的学科,它们对自己为了成为自己而排除在外的事物有更清楚的意识(61)。

德·塞托的这种方法受到了亨利·列斐伏尔(Henri Lefebvre)开创性工作的影响,后者在《日常生活批判》(*Critique of Everyday Life*,1947)中同样对既定学科将这种文化视为陈腐和不值得关注的做法感到不满:

> 日常生活就是通过分析把所有清晰的、高级的、专门的、结构化的活动都分离出去之后剩余的部分,它必须被作为一个整体来界定。由于高级活动的专门化和它们的技术性,高级活动之间会留下一种"技术真空",由日常生活来填补。日常生活从根本上与所有活动相关,且把所有活动以及它们的差异和它们之间的冲突含括在内;它也是所有活动交汇、联结的地方,是所有活动的共同基础。(Lefebvre 1991a:97)

因此,对日常生活的研究是跨学科的,不仅仅是因为它包含了现有学科忽略的东西,而且也因为它形成了一种黏合力,表明这些已建立的思想体系最终是如何相互关联的,即使它们试图否认这种关系。

然而,必须强调的是,列斐伏尔和德·塞托的工作都是微观的,与那种设想对知识进行全面综合的跨学科工作完全相反。德·塞托在一篇题为《在城市中漫步》("Walking in the City")的文章中,简明扼要地阐述了他对旨在看到"全局"的总体思维模式的怀疑,他回忆起站在世贸中心第110层楼俯瞰曼哈顿的情景,并好奇"这种'一览无余'俯视世界的乐趣的来源是什么,为何想将人类文本中最不合理的部分进行总体化"(de Certeau 1984:92)。列斐伏尔和德·塞托都对学科寻求挪用和掌控其主题的方式持批评态度,他们建议通过日常生活研究来与那些不太直接可见的现象建立更短暂的、试探性的关系。德·塞托的一些日常"战术"的例子相对具体,比如"la perruque",其字面意思是"摇摆",他认为这是雇员通过在工作时间内做有趣的活动(比如打电话给朋友,或在互联网上预订假期)来占老板便宜的实践。其他一些例子,如手势、习惯、梦和记忆等,它们挑战了"把时间变成可被量化和监管的空间的现代变异"(89),则不太容易归类。从这个意义上说,德·塞托的研究特别关注"非学科化的"材料,即难以被再现或分析的短暂体验。然而,归根结底,即使是日常生活中最不真实、最难以捉摸的经历,也是以话语为中介的,因为与所有"战略"一样,它们必须在现有的权力结构中发挥作用。

对德·塞托来说,日常实践不可避免的叙事化使得阅读成为"被当代文化及其消费'过分关注的'焦点"(xxi)。正如我已经指出的,在文化研究中有一种倾向,即淡化文学文本作为研究对象,因为文学文本与过时的、特定阶级的文化价值观念相关联,此外还因为文化研究对当代问题的关注倾向于将其导向由现代技术产生的大众媒介形式,如电视、电影、流行音乐和互联网等。相反,德·塞托认为,在一个"越来越被修饰性事物和改良结构的力量(无论是科学的、经济的还是政治的)书写并组织起来"的社会中,阅读是当代文化中的基础性活动,是各种其他文化实践的基础(167-168)。在这个背景下,德·塞托将读书视为当代文化中许多其他颠覆性"战术"的范例,读者可以通过阅读来转换和创造作者从未想过的意义。

像日常生活实践一样,现有学术学科也离不开叙事,但它们试图以科学性的外表掩饰自己的叙事性。对德·塞托来说,小说等文学形式的价值在于,它们不同于既有学科,会凸显自己的叙事性,并对各种非学科性事物保持开放,成为"自现代科学建立以来日常实践的动物园"(78)。换句话说,小说是一种非常广阔、异质的形式,它汇集了许多不同的写作模式和人类经验类型,包含了被传统学科排除在外的许多东西,特别是那些被德·塞托定义为"日常"的模糊难辨、几乎无法察觉的习俗和实践。对德·塞托来说,文学文本值得研究,因为它们为变革性的阅读实践提供了基础,也因为它们能够清除经验中的"残余"、那些未被学科化的要素。因此,他的工作可以说是跨学科的,原因有两个:它将文化研究拓展到以前被忽视的素材,并将它们与文学研究中更传统的关注点联系起来,如语言、阅读和叙事等。

阶级和文化资本

法国社会学家皮埃尔·布迪厄的理论近年来在社会科学和人文学科,特别是社会学和文学批评之间的沟通上发挥了很大影响。尽管布迪厄的研究涉及许多不同主题,但他从根本上关注的是文化价值和阶级分化之间的关系。他认为,这个问题渗透到所有文化形式中,因此,当我们选择购买特定类型的食物(有机豆腐或罐装意大利面)、预订假日[阿尔加维(Algarve)或马加卢夫(Magaluf)][1]、去看戏[塞缪尔·贝克特(Samuel Beckett)或安德鲁·劳埃德-韦伯(Andrew Lloyd-Webber)][2]或读小说[伊恩·麦克尤恩(Ian McEwan)或丹·布朗(Dan Brown)][3]时,社会区隔都会得到类似的强化。因此,布迪厄的研究从更广泛的社会形态出发,对所谓的艺术和文学自主性进行了持续的批判,并讨论了与社会学关注的阶级和不平等问题相关的许多不同类型的文化活动。

布迪厄最重要的概念是"场域"(field),他认为场域是社会生活中一个基本组织元素,它是一个结构化的系统,有自己的内部逻辑和等级关系,这些关系是由争夺不同形式的"资本"而产生的:经济的、文化的、社会的等等。根据布迪厄的说法,文化生产场域特别关注"文化价值证券交易所"内的文化资本市场(Bourdieu 1993:137)。文化资本是通过在文化领域内积累地位或声望而获得的,而且只有在直接经济利益要么不存在、要么被隐藏的情况下才能获得,因为这些利益会威胁到该领域在其自身影响范围内的垄断权力。因此,文化生产者相对自主,他们通过

---

[1] 阿尔加维是位于葡萄牙南部海岸的一处旅游胜地。马加卢夫是位于西班牙马略卡岛上的一处度假胜地。

[2] 塞缪尔·贝克特(1906—1989),爱尔兰著名现代派剧作家,其代表作是荒诞剧《等待戈多》。安德鲁·劳埃德-韦伯(1948—),英国当代著名音乐剧作曲家,其代表作是音乐剧《猫》。

[3] 伊恩·麦克尤恩(1948—),英国当代最具影响力的作家之一,代表作《阿姆斯特丹》曾获布克奖。丹·布朗(1964—),当代美国畅销书作家,其代表作为《达·芬奇密码》。

与其他领域和其他资本形式的分离从而在自己的领域内获得权力。但这不应使我们忽视所有文化生产中固有的自我利益,因为文化资本不过是最基本的资本形式——经济资本——的一种"被误识的、变形的合法形式"(Bourdieu 1991:170)。

"习性"(habitus)是布迪厄的另一个重要概念,它解释了每个领域中的个体"对游戏规则产生感觉"的过程,它是一种社会构成的倾向,能够让人根据他对资本的争夺和他在特定领域中的相应地位以某种方式行事(Bourdieu 1990:11)。此外,根据布迪厄的说法,作家的作品将反映或折射这些权力斗争和地位争夺(Bourdieu 1971:161)。在这种背景下,当代作家马丁·埃米斯(Martin Amis)的作品可被视为一个由文学奖项、出版商的巨大进步、声势浩大的书籍营销以及媒体对作家的兴趣等构成的竞争性名人文化的产物。例如,《金钱》(*Money*,1984)、《伦敦场地》(*London Fields*,1989)和《信息》(*The Information*,1995)等小说经常关注大都市和跨大西洋文学文化,表达了人们对跨国资本主义中商业和文化价值之间复杂关系的担忧。文化资本市场也会影响读者和受众与文学文本的关系,因为布迪厄认为,文化消费的动机是我们展示品位和鉴别力的欲望,而这反过来又受到我们想为自己安排社会等级地位的需要的激励。读者会根据自己不同的阶级地位以及已经积累的文化资本或渴望获得何种文化资本,来以不同方式选择和消费文本。正如布迪厄所说,"文化游戏无法退出"(Bourdieu 1984:12)。

布迪厄的研究在当代文化研究中是不寻常的,因为它非常关注文学的生产和消费,哪怕只是为了指出文学与其他文化形式的密切关系及其"使社会差异合法化的社会功能"(Bourdieu 1984：7)。例如,一项受布迪厄影响的先锋现代主义诗歌研究可能会考察它如何明确地把自己放在受市场驱动的市侩的"媚俗"文化的对立面,意图将艺术品神化为完全脱离交换或利润领域的圣物,继而围绕诗人的形象产生一种"卡里斯玛[1]式幻觉",视其为富有文化资本而非经济资本之人(Bourdieu 1996b：319)。在此同时,这类诗歌的读者和评论家可被视为试图积累与流行文化相对的精英知识威望。

可以说,布迪厄的研究不是跨学科的,而是社会学上的还原论者,因为它将文学仅作为社会学的对象,所以倾向于将复杂的艺术作品仅视为在整个社会中自我推销的策略功能。公平地说,布迪厄确实提出了他称为"基因结构主义"(genetic structuralism)的观点,该观点认识到了结构化系统中个体能动性的重要性。他故意使用了一个不精确的术语"场域",以表示一种具有流动性且多孔的事物,允许谈判、冲突和变化发生(Bourdieu 1990：14)。此外,由于场域是通过表意实践构成的,个体代理人(如文化生产领域内的作者、批评家、出版商和读者)有能力通过自己的反应、解释和写作来改变它。例如,埃米斯在其小说中对文学名人的批评本身就成为名人在当代文化中如何产生和接受的一部分。这显然为跨学科关注物质实践与文学和文化文本之间的关系开辟了可能性。

---

[1] 卡里斯玛是德国社会学家马克斯·韦伯从早期基督教观念中引入政治社会学的一个概念,用来喻指一种领袖气质,拥有该气质的人具有超常的力量或品质,能吸引一些人成为其忠实信徒或追随者。

不过，在实践中，布迪厄的文化生产场域似乎具有相当的系统性，被设想为一个包罗万象的结构，在这个结构中，名气不同的作家和艺术家、编辑、评论家、出版商、读者和消费者都卷入了同样的文化资本争夺战。布迪厄使用了由一个大型研究团队收集的大量定量社会学数据来证明这场争斗的重要性和必然性。在他那部关于法国人文化品位的百科全书式著作《区隔》(*Distinction*)中，他制作了一系列精细复杂的图表，以显示个人的阶级地位和文化偏好之间的统计学关系。尽管布迪厄公开表示希望产生一种"反思性"社会学，它能认识到自己也参与了所分析的文化现象，但他也倾向于使用冷静、持重的散文风格，以显示社会学作为一门"科学"所具有的那种传统权威。

布迪厄对文化生产和消费与权力和特权获得之间关系的关注也延伸到他对教育政治和学术生活制度实践的兴趣。这部分是因为学校、学院和大学在精英文化传播以及随之而来的文化资本传播中起着至关重要的作用。正如布迪厄所理解的那样，文学只是文学批评学术学科中所教授的东西，它允许那些在精英学院就读的少数特权者获得社会能力和知识，可以用来延续阶级差异。不过除此之外，这些机构本身也造成了权力分化，而这种分化是由争夺文化资本的斗争产生的。在这方面，一门学科和其他任何"领域"一样，是一个封闭的空间，其内部等级是由对适合该学科的学术资本的争夺所决定的。然而，学科往往通过用专业语言传达它们的发现来掩盖这一事实，这种语言具有双重功能，它既能把非专业人员挡在外面，又能隐藏其从业者的私人投资(Bourdieu 1988：25)。这里的问题在于，学术界只是为了"既激发追求又限制追求",才创造了"一个毫无新意的世界"(153)。与德·塞托一样,布迪厄的学科理论是一个封闭的、惰性的机构,它产生于一个更广泛的项目:通过指出文化生产在制造更广泛的社会不平等中的作用,对其表面上的公正无私提出怀疑。

事实上,布迪厄最近的一些著作显示他在侧重点上有了一个重要变化,他批评了"舆论术士"(doxosophes),即试图通过各种手段进入学术领域继而挑战其传统自主性和独立性的媒体知识分子(Bourdieu 1996b:343-347)。布迪厄的写作完成于法国背景下,那里的作家和知识分子经常在深夜脱口秀节目中成为名人,他认为"电视会给那些提供文化'快餐'——容易被消化和理解的文化——的若干思路敏捷者带来好处。……在外部力量的支持下,这些代理人被赋予了他们无法从同行那里获得的权威"(Bourdieu 1996a:29,59)。这些关于新闻场域篡夺知识生活的评论似乎维护了传统学术和学科专业知识的价值。它们构成了布迪厄对任何试图弥合高雅文化和大众文化之间差异的文化的整体批判的一部分,他称之为由"新文化中间人"创造的"等级制度中的局部革命","新文化中间人""在合法文化和大规模生产之间创造了一整套风格"(Bourdieu 1984:325-326)。正如大卫·斯瓦茨(David Swartz)所言,布迪厄的作品中存在一种紧张关系:一方面,他在"场域"理论中揭露了文化差异和区隔的临时性,这似乎为跨学科研究传统上被分开讨论的文化形式之间的关系开辟了道路;另一方面,在知识分子和作家应该如何批判地参与社会和文化这个问题上,他又给出了一个更具规定性的(prescriptive)观点,这可能会强化这些区隔和等级制度(Swartz 1997:222)。

文化价值与知识阶级

澳大利亚文化批评家约翰·佛柔最近通过反思这些文化价值的问题质疑了文学与其他文化形式之间的关系。他认为,文化研究经常回避文化价值问题,将文化定义为"整个生活方式",或者不加批判地颂扬流行文化,并将高雅文化斥为精英主义。佛柔强调,他并不想回到那种被视为与更广泛的制度、经济或社会因素无关的纯粹美学意义上的价值观念,但他确实认为,由于它处于文学研究的传统学科理念的核心位置,价值判断是不可避免的(Frow 1995:1)。他对文化价值的关注旨在质疑一种空洞包容的跨学科研究,这种跨学科包含了一种无差别的、同质化的"文化"观念。他认为,如果我们要从整体上研究文化,我们需要更充分地区分其不同要素,并认识到"高雅""低俗"和"中庸"文化之间的区别所导致的对文化价值的不同投资。

佛柔认为,文化研究从人类学和社会学等学科中借用了一个包容性的文化概念,却没有同样地利用这些学科的理论来帮助它认识"文化"的实际复杂性和差异性。例如,他批评威廉斯将文化视为"包罗万象的整体",认为他仍然局限于狭隘的国家利益,没有认识到所有文化形式的杂糅性(8-10)。佛柔还质疑约翰·菲斯克和其他人对流行文化的抵抗政治的强调。虽然他们声称具有包容性,但这种强调不可避免地充满了价值问题。这意味着某些流行文化形式,如黑帮说唱(gansta rap)[1]、俱乐部文化、朋克、时尚和互联网等,都被认为是值得研究的,而其他形式,如易听音乐(easy listening music)[2]、男孩乐队(boy bands)[3]和宾果游戏(bingo)[4]等,则不值得研究(82)。佛柔并非批评文化研究中试图接触不同学科并吸收新材料的尝试,但他认为我们应该不断反思我们这样做的目的和动机,因为"如果文化的概念无所不包,那它也就一无所指"(10)。

与布迪厄不同,佛柔还认为,文化价值具有许多其他功能,而不仅仅是区隔社会地位,特别是在文化与阶级差异多样化和分散的发达资本主义社会。他尤其认为高雅文化和通俗文化之间的分裂正在瓦解,原因有两个:一是高雅文化的商品化,二是通俗文化的民主化。高雅文化和通俗文化现在都已完全成为市场的一部分,前者不再是布迪厄所说的"主导文化",而不过是"商品文化中的一个口袋":虽然它肯定也有利可图,但并非独一无二或权威市场(86,23)。这种高雅文化的商品化从主要出版商对高雅作家的大众营销以及他们作为媒体名人的重新定位中可以看出,从在电视和电影改编中看到莎士比亚、狄更斯和简·奥斯汀等经典作

---

[1] 20世纪80年代开始流行于美国的一种嘻哈音乐形式,主题大多反应内陆城市暴力生活方式,尤其是贫穷和滥用毒品的影响等。

[2] 20世纪末在美国逐渐兴起的一种不吵闹、不用费神欣赏的悦耳轻音乐形式。

[3] 主要由青年男子组成的乐队组合,如美国的后街男孩(Backstreet Boys)组合、爱尔兰的西城男孩(Westlife)组合等。

[4] 一种填写格子的游戏,因在游戏中第一个成功者以喊"Bingo"表示取胜而得名。

家的品牌化，以及传统产业与小说和戏剧的搭配版本中也可见一斑。此外，具有包容性欣赏品位的大众也被培养出来，肥皂剧、主流电影以及斯蒂芬·金（Stephen King）和约翰·格里沙姆（John Grisham）等作家的通俗小说等都能被接受，这些文本往往吸引不同阶层和受教育水平的人。佛柔认为，尽管文化研究认为大众代表着被压抑文化的政治潜能并对其充满迷恋，但为了探索资本主义社会中文化价值和商品形式之间的复杂关系，人们应该同时研究高雅文化和通俗文化。他认为，由于没有一种文化产品能够逃脱文化价值的市场，我们既不能将高雅文化排斥在外，也不能将通俗文化本质化为一种被优先的空间。与布迪厄一样，这为在文化研究中重新讨论文学开辟了可能。

不过，作为重新思考文化价值的一部分，佛柔提出了一种与布迪厄的看法尤为不同的知识分子的概念，以及对他们与学科之间的关系的理解。由于布迪厄认为高雅文化消费与社会阶层之间存在直接关联，所以他相信知识分子构成了资产阶级主导阶级的一部分，不过由于他们之间的关系稍有些错位，这使得他们成为该阶级中的"被主导的一部分"（Bourdieu 1993：198）。在佛柔看来，布迪厄的这个看法已经站不住脚，因为现在出现了一个迅速增长的中间知识分子阶级，他们的利益不能被化简为主导阶级的利益。他采纳了安东尼奥·葛兰西（Antonio Gramsci）的"有机知识分子"（organic intellectuals）概念，将他们定义为"所有那些被社会界定为依赖对知识的占有和使用而工作的人，无论这些知识是来自声望还是日常，是技术性的还是思想性的"（Frow 1995：90）。这个定义广泛的"知识阶层"不仅包括学者，还包括作家、评论家、编辑、广告文案撰写人,以及在电视、电影和其他媒体工作的人。

佛柔以这种方式界定知识阶层的目的是提出与文化研究中通常讨论的知识分子既得利益相同的问题,而不必重新回到"自我憎恶和自我理想化"等老问题上去,而那是更狭隘的知识分子学术概念所带来的不可避免的副产品(90)。他认为,文化研究者经常主张在学术界之外为从属和边缘文化代言,这是基于一种错误的信念,即有可能超越知识生产的条件,因此也就依赖于在"'真正的'知识分子和'虚伪的'知识分子(学科内的叛徒以及学科外的官僚和媒体工作者)之间的自私区分"(168)。尽管佛柔认识到知识分子必须对自己的工作进行自我批评,并需要意识到他们自己也在学术界或其他领域内为抢夺"文化资本"而斗争,但他对文化研究场域中的下意识的反学术主义持怀疑态度。他建议,知识分子应该以知识分子的身份说话,并以知识分子的身份向读者发表意见,而不是声称为任何人代言(131)。

佛柔试图重新认识知识分子作为一种公共知识工作者的角色,这显然与任何有关学科以及文化研究作为一个跨学科领域的潜力的讨论有关。佛柔并不试图将学科作为价值中立或有机发展的知识结构进行辩护,但他确实认为不存在非学科的知识:我们不能为了发现更高或更纯粹的真理而完全放弃学科,因为知识的制度化既是不可避免的,也是必要的。因此,学科的局限性:

> 并不在于它对自发发展的知识的压制,而恰恰是对知识的生产。……任何知识都不可能不是由某些这样

的结构所促成的,无论它是多么非正式,无论它是多么深地被嵌入日常生活中。因此,问题不在于是否应该有学科和学科关系,而在于它们的形式、相对灵活性以及生产性等等。(Frow 1988：307，320)

换句话说,没有一种思维模式可以独立于我们对它的构建和限制而存在:跨学科研究必须首先认识到学科性不可避免,我们所能做的就是产生更开放、更有批判意识的知识组织程序。

佛柔的评论引发了更广泛的关注,即文化研究作为一个跨学科领域的范围和局限性,以及它是否应该谋求成为一门独立的学科。大学内文化研究的日益加强进一步推动了这些争议。斯图亚特·霍尔和其他人都警告过该领域走向制度化的危险,特别是在它迅速在美国获得尊重和声望的背景下。他认为文化研究的专业化和"美国化"是"一个巨大的危险时刻",因为这必然会威胁到它作为一个跨学科领域的作用,而这个跨学科领域的力量来自它在学院中的边缘位置(Hall 1992：285)。不过,这个问题并不仅局限于美国:文化研究现在是国际上一个新兴领域,资金充足的相关院系和研究中心得以建立,并以其广受欢迎和现成的材料吸引学生和学者。

托尼·贝内特(Tony Bennett)对这些环境变化的反应与霍尔相反,他对其所谓的文化研究的"学科羞怯"(disciplinary bashfulness)提出了批判。与佛柔一样,他认为制度化并非一个来自外部的需被抵制的紧迫威胁,因为文化研究作为一个由大学内的学术专业人员组成的、已被命名和可识别的知识领域,早已被学科化了。他并不赞同在很多文化研究著作中常见的那种"对抗形成知识"的英雄式理念,而是认为如果这意味着阐明文化研究的独特目的和方法并考虑其实际应用,我们就应该考虑把文化研究"学科化"(Bennett 1998:9)。但是,我们不应丢弃来自不同的人文社会学科为文化研究所提供的特定形式的训练和专业知识,因为它们"需要被捍卫和促进,而不是像被白蚁蛀蚀一般(被从内部破坏)遭到错误的和过于笼统的跨学科的价值评估的破坏"(19)。他认为,文化研究应该发挥一种"清理房间的功能",协调其他学科的活动以处理文化与权力之间的关系,并且不应试图成为"一种能够克服现有学科专业主义或使其变得多余的公认的知识综合形式"(28)。

与之类似,比尔·雷丁斯(Bill Readings)也对文化研究的兴起表示怀疑,认为它是人文学科中被错误定义且未被区别对待的交叉学科的主导范式。他认为,作为跨学科的一种形式,文化研究"最重要的特点是抵制一切限制其涉及领域的企图",并已成为一种意图统一或取代人文学科的"准学科"(Readings 1996:98,91)。有人认为文化研究"是一门能够把丢失的真理还给大学继而拯救大学的学科"(18),雷丁斯对这种文化研究观念持怀疑态度。尽管文化研究明显对传统学术学科提出了激进的怀疑,但他担心文化研究可能最终被证明不过是被那种渴望通识人文教育的"康德式的怀旧情绪所激发",这种渴望自人文科学诞生以来就一直是它的特征(122)。

这些论点有些道理。跨学科的优点经常在文化研究中被吹捧,但这个术语到底意味着什么?到底应该如何挑战或超越学科？人们对这些问题却只有一些模糊的理解。值得提醒我们自己的是，即使像文化研究这种对学科整合怀有敌意的学术领域，也总是不可避免地是制度语用学、权力关系以及对知识加以组织化的尝试的产物。不过，制度化有不同的程度和类型。霍尔认为文化研究最近经历了一场快速的变革，这影响了该领域对自身的构想及其与既定学科的关系。这个看法肯定是对的。不过，从本章的讨论中可以明显看出，这些争论从一开始就活跃了文化研究。雷丁斯、佛柔和贝内特认为文化研究的主要特点是其扩展性，而且它总是试图超越传统人文学科的精英主义的排他性。但也可以说，文化研究同样关注知识本身的产生和表达方式，而他们自身的工作也构成这种关注的一部分。事实上，本章讨论的跨学科模式的特点与其说是对包容性知识权威的渴望，不如说是在知识如何形成以及学科如何结合等问题上的不确定性。正是文化研究中的这种知识怀疑论，而不仅仅是它的"包容性"，才更能有效地在不同人文学科之间发展跨学科视角。

第三章　理论与学科

第三章 理论与学科

众所周知,"理论"是一个定义模糊的术语,常被用于指代人文学科的许多不同思维模式。但我们仍有可能确定一个"理论"时刻,这一时刻产生于20世纪60年代末开始的人文学科重组,它把各种不同的知识运动汇集到至少一个共同点上:它们与传统学科的批判性关系。在这个语境下,理论的含义几乎与它在科学中的含义完全相反。科学理论的目的是通过提出一条关于自然世界的定律,从而以一种有序、系统的方式推进其特定学科中的知识,然后通过经验加以验证。如果在不同条件下进行的大量实验都支持某一理论,那么科学界就会认为它是正确的,至少在更好的理论出现之前是如此。然而,人文学科中的理论并不那么容易与实践联系在一起,因为它的兴趣并不只在于为解释主要材料(如文学文本或历史档案)制定分析程序。更广泛地说,它包含一些不能被简单归入任何旧有学科中的思维方式,并且试图质疑这些学科的基本假设。正如特里·伊格尔顿(Terry Eagleton)所说:"宏大性质的理论往往爆发于种种日常社会实践与思想实践开始四分五裂、陷入麻烦并因此而迫切需要重新思考自身之时。"[1](Eagleton 1996:207)

理论之所以有时不受学生欢迎,正是因为它与旧学科似乎没多

---

[1] 引文参考中译本《二十世纪西方文学理论》(伍晓明译,北京大学出版社2007年版),第219页。

少关系("这与学习英文有什么关系？我是来这里读文学的！")。正如乔纳森·卡勒(Jonathan Culler)所指出的那样，它也受到了传统学者的怀疑，因为它拒绝接受学科专业的传统权威模式的评判。例如，当我们学习或研究"理论"时，可以不知道精神分析学或精神病学的最新研究而阅读西格蒙德·弗洛伊德，不是政治经济学家也可以读卡尔·马克思，不是训练有素的哲学家也可阅读雅克·德里达(Culler 1983：9)。理论关注的是关于现实、语言、权力、性别、性、身体和自我的本质等的重大问题，它为学生和学者提供了一个框架，可以让他们就这些广泛的问题展开辩论，同时避免陷入学科内的琐碎争论中。

理论的主要目的之一是质疑那些通常被人们认为理所当然的有关世界的解释。例如，人们普遍认为语言总是次要的，它客观地描述现象。作为独立自主的个体，我们可以用语言来表达我们自己以及我们与他人和世界的关系。这个被某些理论质疑的信念让大多数人能够日出而起，安然生活，而不必总是去怀疑个人身份或外部现实的本质。在学术界，学科是一种类似于常识的形式，它允许我们继续做我们所做的事情，而不必反复猜测其意图、局限和最终价值。它使我们能够确定可以应付的研究对象，为我们的研究设定范围，并向那些了解我们工作背后的知识框架的共同体展示我们的研究发现。通过质疑这种方法的实用主义，理论本身就是跨学科的。在这一章中，我将关注一些批评理论——结构主义、解构主义、精神分析、女性主义和酷儿理论等——如何介入这些关于学科性质的问题的讨论。

语言学与文学性

结构主义是20世纪50年代和60年代在法国文学和文化理论界兴起的一场运动,它植根于语言学学科,特别是索绪尔的《普通语言学教程》。在这本书中,索绪尔提出了一种有关符号系统的科学,他称之为"符号学",并将其定义为"研究社会生活中符号生命的科学"[de Saussure(1916)1966:16]。他认为,语言与现实没有直接关系,它只是作为一个差异系统发挥作用:词语(能指)与它们所描述的具体事物(所指)之间没有内在联系,而只是由于它们与其他能指的差异关系才产生意义。结构主义语言学的兴起,特别是语言作为符号关系系统的概念,为文学研究开辟了许多跨学科的可能性。特别是,它挑战了英文作为一门学科的两个决定性的范畴:作者和经典文本。结构主义方法倾向于强调"互文性",认为文本不是由单个作者的原创行为所完成,而是通过与其他文本的互动和对话形成,因此,结构主义者质疑文学研究中认为某些作家或文本比其他作家或文本更有价值或更值得研究的做法。在结构主义分析中,文学文本往往被定位为整个语言和话语领域的一部分,因此是众多文本中的一种,包括电影、摄影、音乐和时尚等非语言形式。然后这些文本被进行结构主义分析,它们与其他文本共享的形式,而不是它们的具体内容被加以强调。

罗兰·巴特的早期工作证明了这种跨学科的某些潜力。巴特的《神话学》(*Mythologies*, 1957)是早期结构主义的一部重要著作,也因其对流行文化的开创性研究而成为文化研究的奠基之作。它解构了20世纪50年代法国的一系列文化现象,如摔跤比赛、人造黄油广告、蓝色指南(Guide Bleu)[1]、肥皂粉、儿童玩具和雪铁龙汽车等。巴特展示了这些现象如何产生一种"元语言"(Barthes 1973:124)的,即除了它们更显在的意义之外的一系列次生内涵。例如,广为流传的爱因斯坦的大脑图像就像"一个考古研究的对象,一件真正的博物馆展品",它传达了这样一种理念,即科学创新和发现是由个人天才推动的,而不是社会、文化或制度因素的功劳(75-77)。这种广义的文化"文本"概念让巴特提出了一种跨学科的模式,这种模式不仅将不同的学科结合在一起,而且使它们能够围绕一个全新的研究对象进行融合:

> 跨学科研究……不仅仅是面对已经形成的学科……仅仅选择一个"学科"(一个主题)并围绕它安排两三门科学是不够的。跨学科研究在于创造一个不属于任何人的新对象。我认为,文本就是这样一个对象。(Barthes 1986:72)

结构主义是跨学科的,因为各种各样的人工制品和现象都可以被解释为"文本":对于巴特来说,文本只是产生和传播文化意义的

---

[1] 指阿歇特图书出版集团出版的世界旅行指南(Hachette World Guides),蓝色指南是其法文名。阿歇特是一家闻名世界的法国图书出版集团。

工具,"从无数文化中心抽取的引文织体"(Barthes 1977:146)。

结构主义批评的一个分支是叙事学,它为跨学科文本研究提供了一个特别富有成效的领域。例如,杰拉德·热奈特(Gérard Genette)和A. J. 格雷马斯(A. J. Greimas)等批评家通过考察时序、时长、频率和视角等要素将叙事分解,以缜密的细节分析来展示它们是如何运作的。叙事学家特别关注作为叙事的叙事,不依赖于它的内容和它得以产生的媒介;对他们来说,叙事只是按时间顺序发生的任何一系列结构化事件。这种强调形式而不是内容的做法在一定程度上是正确的,这是对传统文学研究强调文本作为一个独立实体的做法的挑战。正如热奈特所说:"文学长期以来一直被视为一条没有符码的信息,因此现在有必要将其视为一种没有信息的符码。"(Genette 1982:7)

因此,叙事学家很少看重构成文学研究学科基础的各种评价性差异,他们不仅将叙事符码应用于经典文本,还将其应用于流行文化体裁,如童话、侦探小说、间谍惊悚片、通俗爱情小说等。事实上,这种程式化的小说为结构主义提供了一个非常好的分析素材,也许是因为它的叙事机制比其他类型的文本更为透明。叙事学也可以应用于电影、电视和其他形式的大众媒体,以及日常生活的各个方面:当我们讲笑话、闲聊或遵循一些日常惯例时,我们就是在叙述自己和他人的生活。在这种背景下,叙事被定义为和巴特的"文本"一样宽泛的概念;它是组织人类经验、向我们自己和他人传达关于世界的思想和知识的一种方式。

应该补充一点,尽管总的来说结构主义理论的主要关注点是文本和叙事,而不是更狭义的文学表述,但它也特别关注文学和非文学之间的区分。例如,在 20 世纪的前几十年,俄国形式主义批评家维克托·什克洛夫斯基(Viktor Shklovskii)、尤里·蒂尼亚诺夫(Iurii Tynianov)和罗曼·雅各布森(Roman Jakobson)都试图界定"文学性"的形式要素,将其定义为标准语言的"陌生化"产物。正如托尼·贝内特指出的,许多形式主义者最终认识到,"文学性"始终是由历史和文化力量决定的一种社会效果,因此并非一个一成不变的常数(Bennett 1979:34-35)。不过,这种对文学的特殊性质的关注使俄国形式主义有别于其他结构主义流派对文本和叙事的跨学科关注。例如,雅各布森明确表示,形式主义的目标是创造一门具有自己特定研究领域的科学,并排除跨学科实践:

> 文学科学的研究对象不是文学,而是文学性——也就是说,文学性使一部作品成为文学作品。到目前为止,文学史学家们更愿意像警察一样,为了逮捕某个人,他们会随时抓住任何机会,抓住任何一个偶然进入公寓的人,以及那些沿街经过的人。文学史学家使用了一切手段——人类学、心理学、政治学、哲学。他们创造的不是文学科学,而是一个旧有学科的集合体。(Eichenbaum 1965:107)

更一般地说,或许有一种学科兴趣将俄国形式主义与结构主义的其他流派联系起来,即它们都试图通过关注文本的结构而不是内容来为文本研究提供科学依据。从这个意义上说,结构主义者对叙事符码和系统的关注可以被视为文学研究中一个不断尝试的部分,即将文本视为一套可解读系统的产物,这是一个贯穿学科历史的对科学性的渴望,从语文学系开始,一直到后来 I. A. 瑞恰慈和新批评家的工作。正如巴特所说,当"面对语言的异质性"和"叙事的无限性"时,结构主义的目的是"从个人信息的明显混乱中提取分类原则和描述的中心焦点"(Barthes 1977:80)。他在后来的作品中放弃了这个意图,批评结构主义希望将文本简化为一种包罗万象的类型学,"以不偏不倚的科学目光,对它们一视同仁"(Barthes 1975:3)。虽然结构主义通过对文化"文本"的宽泛定义挑战了学科划分,但它仍然假定需要一个相当狭窄的理论定义作为科学的文本实践的基础。在结构主义分析中,文本意义往往被视为虽然复杂但相对稳定,最终能够被文本批评家置于学科控制之下。

解构哲学

雅克·德里达在其早期著作《写作与差异》(*Writing and Difference*, 1967)中批评了结构主义对其学科掌控力的假设,它试图发明一种"元语言的"准科学话语,能够从一个不容置疑的权威立场对其研究领域做出判断(Derrida 1978:278-293)。德里达认为,尽管结构主义表明能指和所指之间的关系是暂时的和不稳定的,但它仍然相信有固定源头或稳定意义的可能性,他称之为"先验所指":一种独立于描述它的词而存在的事物(Derrida

1981：19）。对德里达来说，意义永远不可能以这种方式被完全封闭，因为它纯粹是语言的一种效果，由没有安全参照点的自由浮动的能指链产生。因此，解构主义——这个与德里达密切相关的知识策略——的意图便是质疑"试图在文本表面下寻找一个完成的所指的解释学或训诂学方法"（Derrida 1981：63），并错误地假设意义最终可以被掌握。

意义和知识是语言的产物，这个理念显然对理解学术学科的性质和作用有影响。正如乔纳森·卡勒在讨论德里达的作品时所说：

> 任何学科都必须假定它能够解决问题，发现真理，以此在某个领域画一句号。学科的观念，即是某种探查研究的观念，其间文字或将被引入穷途。文学批评家们……常常试图调整文学批评的目标，使它成为一门真正的学科，以此作为终止文字的途径。……它们寄希望于能把话说完，由此中止评论过程。[1]（Culler 1983：90）

这正是德里达的观点：一门学科形成了对意义稳定性的错误探索的一部分，或者一个单一的组织结构，而这正是他想要批判的。每一门学科都假设有一个最终点，尽管这是唯一一个假设可以抵达的点，在这个点上，它的目标得以实现，它的计划得以完成。然

---

[1] 引文参考中译本《论解构：结构主义之后的理论与批评（25周年版）》（陆扬译，中国人民大学出版社2018年版），第51页。

而，对于德里达来说，写作总是会产生更多的写作，或者正如他所说，"文本之外无他物……没有任何东西能够完全逃脱文本性的一般属性"(Derrida 1992a：102)。

然而，德里达并非只是试图破坏结构主义的学科事业，而是批评了贯穿整个西方哲学史的类似权威假设。德里达的知识背景主要是哲学背景，但他试图用其他参照系来质疑哲学是知识的特权形式的说法。事实上，他的主要目的之一是解构将文学置于哲学之下的传统等级制度，并指出它们共同沉浸在语言的复杂性和不稳定性中。这一目标最早是在他的另一部早期著作《论文字学》(*Of Grammatology*，1967)中提出的，作为对那种认为口头表达比写作更真实的传统观念的挑战的一部分。德里达声称，这一观念可以追溯到柏拉图，他在《理想国》和《斐德鲁斯》等著作中批评诗人对真理的可疑承诺，并认为写作是口语的一个贫穷、不纯洁的亲戚，这种偏见在整个西方哲学史上反复出现。德里达认为，由于哲学的目的仅仅是以"理性"为指导，它往往会怀疑写作是一种阻碍思想和口语纯洁性的活动。例如，他对卢梭的讨论表明，这位法国哲学家如何将写作定位为思想和语言的"危险补充"，它"将语言从其起源状态中撕裂"(Derrida 1976：141，243)。

德里达还认为，这种将口语置于写作之上的特权构成了语言学作为一门科学学科的基础。与此相反，他提出用文字学作为一门反学科(counter-discipline)，这是一门"写作的科学"，它并不崇拜它的科学性，而是永远质疑它自己的假设(4，28)。德里达的文字学还旨在颠覆普遍存在于学术领域的对语言透明性的强调：传统学术写作因其直白和"清晰"(lucid，这个英文单词的字面意思是"透明")而受到推崇,它不会让语言阻碍知识从作者到读者的传递。相比之下,德里达自己的作品充满了双关语、新词、刻意的歧义和排版创新,充满了嬉戏和开放性。这强化并实施了他的总体论点,即思想永远不可能以语言之前的"纯粹"形式存在,并且"在哲学文本之外没有一片空白的未被占用的边缘处女地,而是另一个文本,一个没有任何在场的指涉中心的力量差异的织物"(Derrida 1982：xxiii)。

因此,德里达的作品从根本上质疑了传统上把哲学与更具解释性和文本取向的人文学科相分离的做法,而正是由于人们对这一点的抵制,他才成为学术界如此有争议的人物。例如,在剑桥大学决定于1992授予他荣誉学位的争论中,一个国际哲学家学术团体写了一封抗议信给《泰晤士报》,明确地质疑他在哲学方面的学科资质：

> 德里达先生把自己描述成一位哲学家,他的作品确实带有这门学科的一些写作痕迹。然而,他的影响力几乎完全在哲学领域以外,比如在电影研究系,或法文和英文系。我们认为,如果一位物理学家(比如说)的作品主要被其他学科的工作人员视为有价值,这就足以让人怀疑这位物理学家并非荣誉学位的合适人选。(Derrida 1995：419-420)

德里达在一次访谈中谈及这次争议,他驳斥了在公认领域工作的人是知识价值的终极仲裁者这一假设,相反,他认为"在其最佳传统中,哲学从未允许自己被软禁在自身学科范围内,更不用说其职业的局限性了"(Derrida 1995:404)。他认为,需要把哲学自身的开放性和自反性的潜力与哲学系内学者的跨学科尝试区分开,因为后者在跨学科竞争的压力下工作,试图在与大学内部其他系列的竞争中胜出,他们"把哲学与他们被教导在某个特定机构的传统和风格中——在一个或多或少受到良好保护的……社会和职业环境中——复制的东西混为一谈"(411)。

就像我在导论部分提到过的尼采在《我们的学究们》一文中所表述的那样,德里达反对哲学将自身视为一门目标和方法狭隘的专业化的实证主义科学。他与其他哲学家的争论背景是分析哲学在20世纪下半叶兴起并发展成为学术哲学的主导范式。分析哲学倾向于避开哲学更广泛的思辨目标,而将其重新定义为一种由知识的严谨性和清晰性界定的科学活动;它可以追溯到20世纪20年代在维也纳出现的"逻辑实证主义"学派,该学派主要从经验上的可验证性或逻辑形式的角度分析句子的结构。逻辑实证主义者根据"可验证原则"(verification principle)评价哲学命题,并确定它们是真的、假的还是无意义的。这意味着他们拒绝了形而上学、美学、神学和伦理学等更广泛的关切,转而关心物体的存在与否等更狭隘的问题。这些分析学派的发展在汉斯·雷钦巴赫(Hans Reichenbach)的《科学哲学的兴起》(*The Rise of Scientific Philosophy*)等著作中得到了支持,该书认为"哲学思辨是一个过渡阶段,当哲学问题在不具备解决这些问题的逻辑手段的时候被提出时,哲学就发生了……哲学已经从思辨发展到了科学"(Reichenbach 1951:vii)。德里达或许会赞同理查德·罗蒂的观点,即认为这代表了对无法实现的确定性的错误追求,我们不应该担心"我们或其他人正在做的事情是否'真的属于哲学'。我们应该让百花齐放,在花开时节只管欣赏,就把植物研究工作留给下个世纪的知识史学家去做吧"(Rorty 1991:219)。

德里达关于哲学的观点与他对大学作为一个机构的性质的关切有关。他认为,学术学科和大学作为一个整体的问题在于,它们凭借"学者可以单独判断其他学者"这一原则将自己设定为客观知识的场所(Derrida 1992b:5),这一原则断开了学科与学科之间以及与学术界以外的世界的联系。因此,德里达对学科的知识确定性的破坏具有明确的政治目的,即质疑把学者与更广泛的社会领域分开的传统做法,而社会只在需要他们的学科专业知识时才会召唤他们。

解构主义的批评者经常反驳说,解构主义在实践中采用了高度复杂精细的文本分析形式,这实际上进一步强化了文学研究与其他学科之间的区别。例如,弗兰克·伦特里奇亚(Frank Lentricchia)声称,这实际上只是一种理论上更为复杂的新批评形式,"一种文本私有化的活动",它产生了"某种类似于室内装饰的终极模式"(Lentricchia 1980:186)。伦特里奇亚特别指的是美国式的解构主义,与所谓的"耶鲁学派"批评家有关,包括J.希利斯·米勒(J. Hillis Miller)、杰弗里·哈特曼(Geoffrey Hartman)和保罗·德曼(Paul de Man)等人。在他们那里,解构主义(或"后结构主义",一个常与解构主义互换使用的词,但也是一个涵盖一系列类似方法的总括术语)通常仅局限于文学研究,尤其是浪漫主义诗歌和19世纪小说的经典文本。它当然可以被定义为一种文本细读的形式，因为它强调语言和意义的不稳定性，这导致了一种观念，即文本本身包含了对其自身进行批判的手段：批评家的任务是梳理出文本中的差距和矛盾，通常是通过关注表面上无关紧要的因素。

这种形式的文本阅读尤其与保罗·德曼的作品有关，他是把德里达思想应用于文学研究的中心人物。德曼对理论的理解相当狭隘，不是把它理解为对学科常识的质疑，而是"把文学训诂和批判性评价植入某个整体概念系统"（de Man 1986：5）。对德曼来说，理论和文学是密不可分的，因为理论从根本上关注"语言的修辞或转义维度"，而这一维度在文学中比在其他语言形式中更明确、更突出。德曼强调文学文本的语言要素，但忽视其阐释的或语境方面的要素，这使其作品成为文学批评科学化方案的一部分，该方案可以追溯到文学批评的语文学起源。事实上，德曼将文学理论描述为"回到语文学……在语言产生意义之前对语言结构进行审查"，并认为文本分析仍然可以在三分法的基础上进行，三分法是传统文科教育的一部分，包括语法、修辞和逻辑（24，13）。事实上，可以说他倒置了德里达式的解构主义：他没有用解构主义来质疑不同学科的地位和知识的性质，而是试图将文学研究建立为一门"独立的批判性研究学科"，"它将山羊与绵羊分开，将文学消费者与文学教授分开，将随意的评价与真正的见解分开"（7,24）。尽管他与德里达一样质疑哲学对终极真理的主张，但他似乎将文学研究放在了哲学的位置上，认为"哲学不过是对它自己遭受文学的毁灭的永恒思考"（de Man 1979：115）。

精神分析、语言与文化

精神分析学的跨学科潜力在于它与科学特别是临床医学的矛盾关系，它不再热衷于构建纯粹的科学模型，而是逐渐转向对自我、语言和文化之间关系的更具理论思辨性的关切。正如德里达的著作关注哲学把什么从其指涉范围中排除一样，弗洛伊德的精神分析学挑战了医学的学科排他性，同时研究它没有关注的疾病和现象。医学学科可以被视为学科发展的典范，因为它在很大程度上是通过巩固其边界和严格排除某些"非法"知识而发展起来的。随着医学职业获得机构权力，并且大学被越来越多地作为从业资格认定的一种形式，曾经被视为合法医学的一些实践，如草药疗法、信仰疗法、放血排毒等，在18和19世纪被无情地禁止。虽然这显然部分与知识的研究发展有关，但它也是新兴权力关系的产物，等级森严的新制度被确立，内科医生处于上层，外科医生和药剂师处于底层，其他治疗师则被视为江湖骗子（Porter 1997：11）。

事实上，正如罗伊·波特（Roy Porter）所说，医学界获得的权力和声望几乎与拯救患者生命的能力无关；直到20世纪初硫黄药物和抗生素的发明，医学才开始在这方面产生真正积极的影响(11)。正如他指出的那样，西方医学传统的独特之处在于，它不是从个人和世界之间的关系来解释疾病，而是从身体本身的角度来解释它(7)。当医学界接受新的知识对象时，例如人类的思维，它倾向于在纯粹的临床基础上这样做，例如，学术精神病学传统上依赖于神经学和神经病理学，后者强调对大脑疾病的有机解释(509)。弗洛伊德起初受过医学训练，但由于不满足于单纯从身体方面寻找癔症发病根源的做法，他对这种科学唯物主义率先发起了一个重大挑战。从一开始，他就将精神分析视为打破正统医学学科限制的一种方式。

他寻求实现这一目标的一个方式是声称精神分析本身就是一门融贯的学科和科学活动，故此他才使用"分析"一词作为这个术语的后半部分。弗洛伊德在他最初的一些介绍性演讲中承认精神分析不同于传统医学，因为只通过精神分析学家和病人之间的语言交流，它无法直接接触到它的研究对象，即无意识[Freud(1915)1973：41]。尽管缺乏硬数据，而且分析的结果也往往不可预测，但弗洛伊德坚持认为精神分析是一门科学，"与其他任何自然科学一样，它基于对感知世界中的事实的耐心和不懈的阐述"[Freud(1925)1986：268]。精神分析学的科学主张隐含在其作为一种职业的发展趋势上，它具有了自己的操作规则、专业术语、等级结构和明确的职业发展模式。例如，它有一个认证和管理组织中心，即国际精神分析协会，该协会由许多国家的组织协会组成，这个国际组织本身又反过来对教育机构进行认证，以及对会员资格施加限制等。精神分析学的内部政治——不同学派之间的激烈辩论、从敌对组织中驱逐学术异端，以及相互竞争并声称自己才是弗洛伊德的真正继承人等——确实表明精神分析学将自己视为一门学科。

虽然弗洛伊德认为自己主要是一名科学家，但他的工作在非科学学科中的影响力要大得多。由于其经验基础不确定,以及从隐喻、类比和未经检验的假设中推断出理论等,弗洛伊德和他的追随者经常受到"硬"科学家的批评。与科学学科不同,精神分析也发现很难限制其指涉范围。临床医学有明确的研究对象,即通过药物、技术或手术干预等手段在人体内治疗和预防疾病。精神分析却永远不能被局限在如此清晰的界限之内:它关注无意识产生的一切,以及它影响人类所有形式的思想、感觉和行为的方式。精神分析不可避免地包含了对文学、艺术和文化的兴趣,因为正如弗洛伊德所说,我们的基础本能冲动"对人类精神的最高文化、艺术和社会创造做出的贡献绝对不可低估"[Freud(1915)1973:47]。弗洛伊德本人博览群书,精神分析学的许多关键术语,如俄狄浦斯情结、自恋、施虐狂和受虐狂,都源于文学和神话。此外,精神分析与文学批评一样,从根本上来说是一种解释学活动:因为无意识被压抑,它无法在临床上被发现,只能通过其在意识和潜意识的陈述与行为中的部分表现来解释,如梦、口误和自由联想等。

然而,弗洛伊德的许多文学批评论文,以及早期弗洛伊德主义批评家欧内斯特·琼斯(Ernest Jones)和奥托·兰克(Otto Rank)的论文,都倾向于将文学仅仅用作精神分析案例研究的原始材料。最常见的是,早期精神分析批评将文本视为作者潜意识欲望、本能需求或神经症的升华。由于文本始终被视为是从它所揭示的心理过程中产生的,这种形式的批评不过是新的精神分析学科对文学批评的挪用,而不是两者之间的真正交流。正如肖珊娜·费尔曼(Shoshana Felman)所说,早期精神分析批评:

> 与其说是一种协调关系，不如说是一种从属关系，一种文学服从于精神分析权威的关系。文学被认为是一种需要被解读的语言文本，但精神分析被认为是一种知识，它有解读文本的能力。(Felman 1982：5)

换句话说，在精神分析学和文学的这种融合中，前者更受益：精神分析学被视为一门成熟的科学，它理解并吞并了其他欠发达的"非科学"知识形式。

虽然经典弗洛伊德精神分析试图为自然科学开发新研究领域，精神分析理论却倾向于对精神分析的科学、医学表象持怀疑态度。这一点在法国精神分析学家雅克·拉康（Jacques Lacan）的工作中最为明显，他提出"回归弗洛伊德的工作"，放弃其更直接的临床野心，专注于"弗洛伊德著作的诗学"(Lacan 1977a：57，102)。事实上，与弗洛伊德类似，拉康与科学的关系也是一种矛盾关系，因为有时他确实暗示他的目的是为精神分析提供科学依据(77)。他的镜像阶段理论认为，在镜像阶段的幼儿通过在镜子中识别自己的形象而获得满意的（尽管是虚幻的）身份感。这一概念乃基于儿童心理学家亨利·沃伦（Henri Wallon）的科学实验，他在《儿童性格的起源》(*The Origins of the Child's Character*，1934)中研究了幼儿面对镜像时做出的不同于黑猩猩等其他灵长类动物的反应方式。拉康的著作还大量使用数学概念，如方程、算法、图形和图表来解释精神分析思想。然而，这些批评干预的科学地位并不总是明确的：拉康似乎不是指一个实际的镜子，而是指一个无法通过"客观数据"证实的自我认识的一般过程(5)，他主要使用数学作为隐喻的来源,而不是经验证据。

拉康质疑精神分析的临床基础的主要方式是重申弗洛伊德的观点的重要性,即个体主体在本质上是分裂的,面临着在幼儿时期形成的人类心理中相互竞争的因素之间的持续斗争,并被追求性满足和死亡的矛盾欲望所驱动。拉康特别反对自我心理学,它运用弗洛伊德的理论来研究个人对环境的适应,他认为这是对弗洛伊德遗产的腐化,因为它暗示存在一个稳定的主体和一个个人可以认识和控制的自我。根据拉康的说法,如果我们忘了"自我(self)对自身的彻底的异常性(eccentricity)",我们就使精神分析"只不过成为一个折中方案,而那实际上已经成为弗洛伊德的著作在字面和精神上最否定的东西"(171)。

与德里达一样,拉康质疑语言作为一种中性媒介的常识,这种常识认为我们可以通过这种媒介交流我们的个人身份和我们与世界的关系。在以往所理解的心理治疗过程中,患者接受了自身的无意识欲望,并通过获得自我认识成为一个"完整的"(whole)主体。拉康则相反,他将人们的注意力吸引到"谈话疗法"的叙事结构上,即精神分析行为"在主体的自我(ego/moi)和其话语的'我'(I/je)(90)之间"——换句话说,在正在说话的主体和正被谈论的主体之间——制造了一条裂隙。更一般地说,拉康认为个体主体由于进入语言领域而被分裂,因为他所说的"符号秩序"是以等级划分为基础的,这会给主体带来一种无法解决的缺失感。因此,拉康用更无定形、更不可满足的欲望概念取代了弗洛伊德的欲望概念。弗洛伊德认为人类行为的动机是满足人类基本本能的需要(如性和死亡驱动力),而拉康认为欲望是被语言所中介的,尽管它从来不能完全被语言所包含。

这意味着精神分析研究的传统对象,即无意识,不再被视为每个个体心灵中的一个私人区域,而是一个"不受主体支配"的"跨个体"空间(49)。无意识是"像语言一样被构造的",因为它是在孩子进入符号秩序时产生的,它通过表意过程来活动并被其所中介:

> 在任何经验之前,在任何个人演绎之前……就已经有东西组织这个场域,刻写下它最初的力量线……大自然提供……能指符号,这些能指以一种创造性的方式组织人际关系,为它们提供结构并塑造它们。(Lacan 1977b:20)

因此,无意识只有通过语言形式才能被察觉,它是我们个人历史"被查禁的章节",只能被重新发现,因为它早就以童年记忆、故事、仪式和私人语汇的形式"被记录在别处"(Lacan 1977a:50)。正如朱莉·汤普森·克莱因(Julie Thompson Klein)所说,这种对无意识的新理解显然为跨学科研究提供了可能,因为它将精神分析从个体心理的工作转移到了关于语言、文本、文化和主体性的更大问题上(Klein 1996:158)。

与德里达一样,这种通过强调语言、身份和文化之间的复杂关系来对"科学"知识地位发出的怀疑也延伸到拉康对知识机构性质的关注。对拉康来说,精神分析学的一个问题是,它的临床抱负创造了一种封闭的、等级分明的知识体系。与所有发展出自身制度动力的学科一样,精神分析程序已经"因为日常使用而变得麻木",并且"沦为单纯的配方,剥夺了分析经验作为知识和现实准则的任何地位"(Lacan 1977a:33)。拉康拒绝服从许多职业规则,例如,他的精神分析课程时间长度不固定,通常比标准的50分钟短得多。这一问题加上其他问题导致他于1953年从巴黎精神分析学会辞职,然后成立了一个从未得到国际精神分析协会承认的独立组织。最重要的是,拉康批评了这样一个事实,即精神分析作为一门专业学科的建立,依赖于对其作为无可置疑的权威知识终极来源的信念:

> 由一个精神分析学会组织颁发能力证书意味着什么,如果说向谁申请不是意味着应该对它有所了解的话?……没有任何一位精神分析学家有资格声称他代表绝对知识,无论在多小的程度上。在某种意义上,这就是为什么可以说假如真有一位我们可以向其提出申请的人,那么就只能有一个这样的人,那就是弗洛伊德,还得在他活着的时候。……我要说,弗洛伊德的作用,或者说出于同样的道理,他的威望和他的影响,都在精神分析学家的每一个立场的前方浮现。(Lacan 1977b:232)

拉康在此似乎将弗洛伊德精神分析学科比作一种宗教崇拜,在这里,各种成员都向一位奠基教父表示忠诚。事实上,他把他在国际精神分析协会受到的待遇比作被逐出教会(3-4)。

对拉康来说,精神分析的价值不在于它的学科抱负,而在于它位于哲学和科学之间的某个地方,在"真理和知识之间的前沿地带"。他这一区别的意思似乎是说,为了让知识变得学科化和组织化,真理反倒被知识排除之外:"真理不停地消解它内中使人不安的成分,而真理在其本身不是别的,而只是实现知识时所缺乏的东西……真理不是别的,它只是通过让无知去实践才能被理解为知识的东西。"(Lacan 1977a:296)尤其科学知识,因为它假定自己是客观中立的,它也就总是不完整的,而事实上,人们总是与他们所生产的任何知识都撇不开关系。当它认识到这一点时,精神分析学将成为"真理重新进入科学领域"的代表,并重新绘制"扭曲的临床医学地图"(297)。换句话说,当精神分析学成功地变成一门完全跨学科的学科时,它将能够对科学的学科抱负提供持续的批判。

女性主义与身体

女性主义将文学与文化批评、社会科学、哲学、心理学和精神分析等不同兴趣结合在一起,关注女性被再现和再现自身的方式,以及她们的被压迫和解放问题。但正如黛安·埃拉姆(Diane Elam)所说,女性主义理论"不仅仅是另一种跨学科合作"(Elam 1994:12),它是对现有学科的价值观和优先事项的挑战,而不仅仅是整合它们。首先,女性主义理论对学科展开批判的基础是已无法容忍大学作为一种机构的权力安排,以及女性经验被贬低或排斥的方式。女性主义理论的议程经常反映出这种深刻的矛盾心理，不仅是关于学科，而且是关于学术工作和写作整体。

女性主义理论产生于所谓的女权主义"第二波浪潮"，这场运动始于20世纪60年代末，其影响范围不止于实现政治和社会平等，还涉及对父权制文化和心理背景的反思。在这一背景下，这种新女权主义的奠基性文本必然是跨学科的。例如，西蒙娜·德·波伏娃的《第二性》（1949）涵盖了各个学科，旨在揭示女性是如何被文化构成和再现的。第一部分"命运"探讨了父权观念如何被嵌入生物学、弗洛伊德精神分析学和马克思主义话语中。波伏娃认为，这些话语设想个人身份是由解剖学特征、无意识或经济力量决定的，而事实上，它是由社会和文化的更广泛运作产生的：

> 女人不是天生的，而是后天形成的。任何生理的、心理的、经济的命运都界定不了女人在社会内部具有的形象，是整个文明设计出这种介于男性和被去势者之间的、被称为女性的中介产物。[1] [de Beauvoir（1953）1997：297]

该书的其余章节也借鉴使用了各种文献，如文学文本、视觉艺术、历史文献、传记以及玩偶和服装等日常用品，以展示女性身份是如何被社会态度和文化形式创造和约束的。因此，波伏娃的著作

---

[1] 引文参见中译本《第二性》（郑克鲁译，上海译文出版社2015年版），第359页。

在两层意义上是跨学科的：其一是它借鉴了一些现有学科，揭示了它们在讨论妇女经验方面的不足；其二是它汇集了来自不同领域的各种文献，以证明父权制权力的普遍性。贝蒂·弗里丹(Betty Friedan)的经典著作《女性的奥秘》(*The Feminine Mystique*,1963)采用了类似的双重方法：它质疑精神分析学、社会学、人类学和其他行为科学的"功能主义"，认为它们自称的科学性是建立在否认女性真实经验的基础上的；它还讨论了一系列文本，如性调查、女性杂志、广告以及有关"幸福家庭主妇"的虚构表现，以揭示"女性神秘感"的力量，即认为女性在家庭生活中最能得到满足的看法。

在埃莱娜·西苏(Hélène Cixous)、露丝·伊利格瑞(Luce Irigaray)和茱莉亚·克里斯蒂娃(Julia Kristeva)等法国女性主义理论家的著作中，这种广泛的跨学科关注延伸到精神分析理论、语言学和解构主义等领域，虽富有成效，但也相当棘手。这些理论家试图将精神分析和解构主义应用于女性主义的议程，用它们来揭示语言和父权秩序是如何通过等级化的二元对立结构（如男性/女性和主动/被动）来建构意义的。法国女性主义理论除了强调语言和权力之间的关系外，还强调心理和身体经验。西苏、伊利格瑞和克里斯蒂娃都利用了拉康对"想象界"和"象征界"所做的区分，想象界是孩子的前俄狄浦斯阶段，此时的孩子仍然是母亲的一部分；后者是由语言和"父亲法则"统治的后俄狄浦斯阶段，用以揭示女性欲望是如何被压抑的。所有这些批评家都以不同的方式倡导一种源自前俄狄浦斯阶段、受前语言力量所驱动的"身体写作"，并试图通过一种与"女性"相关联的流畅、矛盾的写作风格来打破父权制对女性经验的排斥。

这些批评家被指责为解剖学或心理本质主义,他们将一种特定的女性本质界定为西苏所谓的"女性写作"(écriture féminine/feminine writing)(Moi 1985:126)。也许更公平的说法是,这种理论的核心存在一种根本的矛盾,其根源在于它不愿意被局限于一个知识领域。得益于拉康和德里达对主体的语言建构性的洞察,女性主义理论尽量与女性的实际身体经验相结合,力图摆脱被束缚于语言领域、仅仅是一种"理论"的地位。例如,克里斯蒂娃批评德里达的文字学"放弃了主体",对语言之外的身体或社会自我缺乏认识(Kristeva 1984:142)。她和伊利格瑞将主体视为密切相关的生理和表意过程的产物,这就要求必须把精神分析学、哲学、文学和社会学等领域的知识与科学结合起来。伊利格瑞认为,在理解妇女状况方面存在的许多问题都是源自"对生物学和文化之间的关系思考不足"(Irigaray 1993:46),并批评哲学和科学之间缺乏对话而导致这两个领域的贫困:

> 作为一名哲学家,我对现实和知识的所有领域都感兴趣。在文化史上直到最近,哲学和科学才被分开——这是方法论专业化的结果,使它们超出了任何人和所有人的能力范围。当前科学的超技术趋势导致了越来越复杂的公式的产生,人们相信,这些公式越来越符合真理。因此,这是一个在智慧之光下逃避思考的真理,也包括科学家自己的真理。(Irigaray 1993:81)

这种将科学和人文结合在一起的意图在女性主义理论对身体的关注中最为明显。近来人文和社会科学，特别是女性主义理论对身体方面的兴趣，在一定程度上是为了颠覆传统的学科划分。传统的学科划分将这一研究领域让给了科学，特别是医学和生物学，而将所谓的心灵的自主产物留给了非科学。尤其是克里斯蒂娃，她用"chora"这个概念来指明身体是生物学和语言/文化的双重产物。她部分借用了柏拉图在《蒂迈欧篇》中使用的这个术语，在那里，它被用来指一种连接心灵和身体、思想世界和感官世界的流动状态。但这个术语也从生物学术语"绒毛膜"（chorion）衍生而来，绒毛膜是鸟类、爬行动物和哺乳动物胚胎的外膜，让母体和胎儿之间形成联系。在大多数哺乳动物中，绒毛膜形成血管，血管嵌入母亲子宫内壁的膜（或称子宫内膜），绒毛膜和子宫内膜共同形成胎盘，使母亲能够为未出生的胎儿提供营养和其他需要。

克里斯蒂娃用"chora"一词将这些哲学和生物学意义结合在一起。她将其定义为母亲和胎儿之间的滋养、子宫般的空间，这既是前语言的、流动的、父权象征秩序之外的空间，也是胎儿开始与母亲分离并成为个体主体的点（Kristeva 1984：25-28）。更笼统地说，克里斯蒂娃认为怀孕为女性提供了一种经历，这种经历打破了自我与他者之间既定的界限，颠覆了个体身份的传统观念（Kristeva 1986：206）。从这些论点中可以清楚地看出，正如迈克尔·佩恩（Michael Payne）所指出的，"与拉康和德里达不同，当克里斯蒂娃在文中写到身体时，她给人一种有血有肉、有荷尔蒙的感觉"（Payne 1993：168）。同时，她认为生理学、心理学和语言之间有着传统学科无法理解的密切联系。

传统上把生物学和文化相分离的做法的另一个问题是，身体既是一种物质、生物实体，也是一种文化产品，我们可以通过节食、穿孔、文身、硅胶植入或整形手术来改变它。对克里斯蒂娃来说，身体的重要性在日常文化中常常被否认或贬低，这一现象的一个症状是，女性是由身体来定义的（例如，通过月经和怀孕），而男性不是。她认为，为了在象征秩序中占据一席之地，女性主体必须通过将身体归类为不洁来压抑其物质本性。她用"贱斥"（abjection）一词来描述从体内排出的经血、呕吐物和排泄物等污物：贱斥是被排除的东西，"被排除在可能的、可容忍的、可想象的事物范围之外"（Kristeva 1982:1）。因此，克里斯蒂娃的作品提请人们注意身体的物质性，特别是女性身体的物质性，同时也指出，我们能够接触和理解的身体，往往是文化和表现的非物质化产物，通过对那些无法书写或表现的方面的"贱斥"而产生。

学科的酷儿化[1]

酷儿理论将女性主义对性别规范和性别差异的关注发展为对性的文化建构的探索，从而拓展了女性主义的跨学科关注。在这方面，它最有成效地引用了米歇尔·福柯《性史》（1976）的第一卷，该卷考察了语言和文化如何建构了"主导"和"偏差"的性形

---

[1] 作者此处使用了双关语，"酷儿化"（queering）同时具有"扰乱、破坏"之意。

式。福柯认为,性在现代变得突出,正是"因为权力关系将其确立为一个可能的对象",而且过去几个世纪关于性的"话语爆炸"本身包含的"正是性的产物"(Foucault 1981:35,17,105)。这种将性作为一种与权力和知识问题联系在一起的文化结构,而不是作为一种自然产物的概念,是使酷儿理论成为跨学科理论的原因。如果它只关注同性恋问题、同性恋者的再现和自我表征,以及对异性恋法律和态度的质疑,那么它将是一个具有相当明确关注点的专业。事实上,酷儿理论借鉴了后结构主义和精神分析理论,对那种将同性恋建构为个人和集体身份的统一的、基础主义的范畴的做法提出了怀疑。因此,它更广泛地关注将性作为一个整体组织起来的各种话语和知识,以及为监管或颠覆这些性界限而进行的文化工作。

这也意味着,就像许多形式的理论一样,酷儿理论关注的是知识的学科化,以及它如何影响我们对性身份、欲望和规范的理解。例如,福柯认为,从 19 世纪末开始,同性恋成为一个被命名的类别或物种,而以前的同性爱情只是由各色人等进行的活动。这种对同性恋者的明确命名在法律法规以及医学、生物学和精神病学的话语中得到了承认,并汇聚成为新的"性学"学科(Foucault 1981:43),该学科试图将科学的"客观"权威带到一个明显的文化工程上,即同性恋的非法化和妖魔化。大约在同一时期,弗洛伊德的精神分析学将性行为植根于生物学差异,并将基于生殖和核心家庭的性行为视为规范。酷儿理论通常以这些性的病因学描述——病因学是对起源或原因的探究——为研究对象,包括从早期的性学理论到最近试图"科学地"定位和定义同性恋的尝试。

例如，1991年，一位美国神经学家声称发现了大脑下丘脑结构与同性恋之间的联系，1993年，一个广受宣传的"同性恋基因"被发现，这是一种影响男性性取向的X染色体长度（LeVay 1994；Hamer and Copeland 1995）。尽管酷儿理论家们对这些发现的重要性进行了长时间的争论，但大多数人担心这些发现将被用来对同性恋进行病理化和本质化，完全用生物学、神经学或遗传学等既有科学学科来定义同性恋。正如迈克尔·华纳（Michael Warner）所说，酷儿理论的必要性源于这样一个事实："有争议的性议题也包含一些未被用来命名它们的语言所能捕捉到的问题。"（Warner 1993：xv）

相反，酷儿理论家倾向于指出性身份的不稳定性、模仿性和操演性，以及异装癖、坎普（camp）[1]态度、变性身体和同性恋对"异性恋"文本的解读如何颠覆男和女、同性恋和异性恋等二元对立概念。最近，酷儿和女性主义理论家朱迪斯·巴特勒（Judith Butler）——可能是继福柯之后对酷儿理论产生重要影响的另一位理论家——试图质疑身体作为性行为最终决定因素的传统观念。巴特勒试图超越生理性别/社会性别的区分，前者被认为是自然的，后者则是文化建构，她认为这种区分限制了许多女性主义批评和理论。她辩称，"未被文化意义所解释的身体是不可能存在的。……事实上，根据定义，生理性别将被证明一直都是社会性别"（Butler 1990：8）。因此巴特勒试图采取与克里斯蒂娃类

---

[1] 坎普，通常指一种做作的艺术风格，往往融合前卫流行文化的元素并带有一些夸张的女性化举止（如言语或手势）。

似的举措,批判科学界试图将生物机体作为一个中立关注领域加以隔离的做法,并将其重新纳入文本和理论分析范围。

酷儿理论家艾伦·辛菲尔德(Alan Sinfield)开展了更为唯物主义的跨学科工作,旨在揭示持性异见人士如何总是打破主流形式,尽管他们面临限制和打压。辛菲尔德的研究一直关注同性恋在历史上如何被等同于艺术、文学和文化领域看待,继而成为一种"公开秘密",使得同性恋只要心照不宣地保持在社会边缘、不试图逾越"文化"的界限,就可以被接受(Sinfield 1994a:64)。例如,他将奥斯卡·王尔德的重要影响以及导致他在 1895 年入狱的事件视为一个关键时刻,正是在这一刻,"同性恋"被创造为一种特定的社会风格,并且出现了一种基于"坎普"概念的 20 世纪同性恋感性。他追溯了从 17 世纪的花花公子到王尔德式的纨绔子弟,认为在王尔德被审判之前,娘娘腔或"坎普"并不是同性恋的同义词,而是一个备受争议的概念,它将明显的懒惰、颓废和普遍的放荡与艺术和休闲阶层联系起来。这种文化形成部分是中产阶级持异见人士的产物,他们模仿贵族的审美价值观,以此挑战支持职业伦理、帝国和商业的资产阶级男子汉审美价值观(Sinfield,1994b:98)。

在辛菲尔德看来,同性恋及其文化表征与更广泛的性、男性、资本主义和民族认同问题密不可分,因此对主流文化的影响远比主流文化愿意承认的更大。酷儿理论家最初在现有学科的边缘工作,寻找被它们忽视或贬低的思维方式;但一旦这些新的思维方式得到巩固,我们就能看到它们渗透到更为成熟的知识领域,并改变我们对它们的理解。因此,酷儿理论家已表明,在生物学和精神病学等学科中对性进行分类和界定的传统尝试需要接受严格的文化分析；但他们也扩大了文学和文化批评的学科范围，证明即使是表面上属于"异性恋"的文本，也可以借鉴对同性恋的社会学、历史学和精神分析式描述来进行阅读。

作为元学科的理论

本章开始时，我提出了一个论点，即被归为"理论"的不同观点在挑战传统学科的优先事项、前提假设和局限性的努力中找到了共同基础。不过，正如我在上一章关于文化研究的讨论中所指出的，学科发展有一定的必然性：随着跨学科运动得到承认和接受，它往往在制度和知识上会获得学科特征。在这个背景下，"理论"的一个特殊问题是，它通常是异常深奥和复杂的，这意味着它在非初学者看来可能像任何学科一样充满行话和排他性。

斯坦利·费什（Stanley Fish）在一篇题为《跨学科是如此难以做到》（"Being Interdisciplinary is So Very Hard to Do"）的论文中指出了这一点，他认为文学研究中的跨学科发展，如解构主义、后结构主义和女性主义理论等，都只是成功地创建了带有自己的内向准则和实践的各种"元学科"（Fish 1994）。在他后来的著作中，他继续扩展了这一论点，将其他形式的跨学科也都结合起来。费什认为，跨学科是不可能实现的，因为学科之间是不可通约的；它们都从事不同的活动，任何将它们聚集在一起的尝试都会涉及其中一方寄生性地占用另一方的地位和术语，或者完全被另一方占用(Fish 1995:83)。他认为,学科界限的模糊只会导致新的等级划分出现,而新等级与旧等级的不同之处仅在于前者没有意识到自身是学科或没有表现出学科的样子(Fish 1994:237)。面对这种元学科性的威胁,费什做出的回应是回到一个实用主义的信念,更务实地界定文学研究的专业性和学科能力,并重申"我们能够分享一份别人无法提出合理要求的特许经营权"(Fish 1996:162)。他认为,我们需要以制度政治和更安全的自我认同的名义维持文学研究和其他学科之间的界限,因为"离开学科组织这一强有力的社会事实,我们将无话可说"(165)。

费什认同上述许多理论观点的共同看法,即学科是一种社会结构,"由类似铁丝网的概念编制起来的不同元素组成的混杂物"(Fish 1995:74)。受德里达影响,他认为所有的对象和现象都与语言和话语密不可分,学科是修辞结构,只有在与其他学科的不同关系下才具有各自特性,换句话说,它们是什么由它们不是什么来定义(16)。但仅仅是不存在一个不受其自我循环论证影响、被称为"文学研究"的稳定实体,这并不意味着我们应该放弃它。相反,正因为这是一种临时的、自我生成的活动,我们才需要保护它。如果知识的学术分歧是自然演变的边界,那么无论我们怎么努力,它们仍将继续存在;然而在现实中,对于像文学研究这样的学科,"它的生死存亡取决于我们提出问题和关心答案的热情"(70)。从某种意义上说,费什用理论来反驳理论,主张一种极端形式的语言建构主义,认为我们对学科性质进行批判性反思的尝试最终总会被学科所吸纳,原因在于我们无法在文本框架之外思考或行动。

这些观点值得一提，因为它们提醒我们，任何知识系统都无法逃脱某种程度的学科化，而理论作为一个有威望、有野心且具有知识挑战性的成功领域，特别容易受到学科收编。费什论点的问题在于，他并没有真正为维持传统的学科区分提供一个知识上的辩护，他只是认为这些区分对于将文学批评家一直以来所做的事情合法化是必要的，如果他们质疑这一点，那么他们整个不稳定的学科大厦就会倒塌。这似乎排除了任何与既定学科相关的批判自我意识的可能性。不过，我希望在本章中说明，这些不同的理论探索都是从对这些学科忽略或排除的事物的关注中产生的。毫无疑问，这使得限制和辩护传统形式的知识活动变得更加困难，但从"理论"的角度来看，出于制度实用性或知识惯性的原因而继续做我们一直做的事情不如自我质疑更好。

第四章　历史中的文本

第四章　历史中的文本

自从文学研究和历史学作为学术科目诞生以来,两者之间就存在密切但又不乏问题的关系。正如我在第一章中指出,这两门学科有时在19世纪非国教学院(dissenting colleges)[1]的早期学位课程中被一起教授,并且它们几乎同时发展为成熟的学科。两门学科均包含对方的要素:文学研究经常借鉴历史材料,而包括文学在内的一切事物都可以说是有历史的。然而,学科之间的明显联系并非总是促成合作,往往会导致更进一步的画地为牢:这是因为每门学科都试图强化自身的独立性和特异性。在将目光投向新近的、旨在打破这些界限的跨学科研究之前,简要回顾学科内部为分隔彼此所做的尝试可能会有所助益。

文学与历史

文学、艺术和古典学等人文学科与更具科学性的学科之间的区别之一是前者往往沿着历史脉络被组织架构。在自然科学中,知识被视为在本质上是累积性的:由于假设本学科的历史不过是当代启蒙状态的漫长前奏,课程往往侧重于最新的学术研究。即

---

[1] 非国教学院旨在为因不信奉国教而受到排挤的新教徒学生提供类似牛津和剑桥模式的高等教育。从17世纪中期到19世纪,它们是英国教育体系的重要组成部分。

使在今天,当基于问题或主题的单元设计在英文学位课程中愈发常见时,多数课程依旧按照历史分期组织授课内容,并尝试按照时间顺序开展教学。然而,文学研究作为一门学科,历来强调在特定文学框架而非历史语境内部的历时性发展。

随着该学科发展成熟并进行自我反思,国家文学指南应运而生,其中不难发现这种强调,例如,《剑桥英国文学史(14卷本)》(The Cambridge History of English Literature, 14 vols, 1907—16)、《麦克米伦美国文学史(3卷本)》(Macmillan's Literary History of the United States, 3 vols, 1948)和《塘鹅英国文学指南(7卷本)》(The Pelican Guide to English Literature, 7 vols, 1954—61)。这些著作以及它们的许多竞争者和后继者均假设文学是在封闭疆界内按照时间顺序发展的。虽然在这种安排中包含了历史背景,但仍给人留下这样一种感觉,即文学被视为远离历史而遵循自身的特定规律。《美国文学史》(The Literary History of the United States)的主编罗伯特·斯皮勒(Robert Spiller)的话概括了这一观点,他认为"真正的文学史家,不管他游荡了多远,总是走在自己的路上,以一种迂回的方式,再回到他的主要对象——文学研究上来"(Klein 1996:151)。在这一范式中,文学体裁、技术和运动可被看作从早期雏形逐步发展并臻于成熟。这是始于18世纪早期的"小说的兴起"的传统叙事:它从传奇文学和史诗等早期文学形式中孕生,并随着该体裁的潜力得到充分发掘而逐渐变得更加成熟。

勒内·韦勒克和奥斯汀·沃伦在他们的《文学理论》一书中为这种独立的文学史概念提供了理论依据。他们批评文学史家往往不假思索地挪用历史学家的时期划分，并认为"被人们所认可的英国文学分期只不过是许多政治的、文学的和艺术的称呼所构成的站不住脚的大杂烩而已"(Wellek and Warren 1949：277)，它们源自诸如教会史(宗教改革)、艺术史(文艺复兴)和政治史(王政复辟)的不同领域。这一论点指向了一种历史主义，它承认文学分期总是一种往往在事件发生之后完成的人为建构，具有一种在当时生活和写作的作家们所没有的回顾性意义。但两人对这一问题的解决办法是将文学史与历史本身分开，主张"文学分期应该纯粹按照文学的标准来制定"，并被视作"文学一般发展中的细分的小段"(277)。两人的论点颇像利维斯和艾略特所提出的有机文学传统的概念：文学必须被视为"一个包含着作品的完整体系，这个整系随着新作品的加入不断改变着它的各种关系，作为一个变化的整体它在不断地增长着"(266-267)。

　　该文学史概念出现的同时，新批评和其他当代批评运动正试图为该学科建立明确的界限，这并非巧合。对于韦勒克和沃伦来说，历史仅仅是启发文学作品的"背景"或"语境"，而并不干涉文学发展的历时线索。这种封闭的文学史模式将文学文本这一概念作为该学科内部的主要研究对象保留下来，产生了相当深远的影响。例如，哈罗德·布鲁姆在其"影响的焦虑"理论中对其进行了修改。他认为，作家们正与历代文豪进行着一场心理斗争，尝试"完成"或创造性误读前人作品，又或试图清除这些作品对自身的影响(尽管未能成功)。在参照弗洛伊德精神分析学发现的俄狄浦斯情结和尼采的"权力意志"对其进行重新理论化时，布鲁姆基本上保留了上述概念，即独立于社会、文化和历史决定因素而发展的文学传统(Bloom 1975)。

历史学作为一门专业学科出现的标志是它试图通过声称自己是科学的一门分支从而与文学和文学批评区分开来。作为一门学科，历史学只比英文学科稍早一些出现，这意味着两门学科从一开始就在争夺相似的制度空间与合法性。尽管历史学的实践可以追溯到古希腊人，但直到历史学在19世纪中期成为欧洲和北美大学中的一门专业，它才开始被视为一门系统的、"客观的"科学。尽管此前曾有人试图将它变得更加严谨、更有条理，但它更有可能与小说和散文一并被视为文学的一个分支，就像托马斯·麦考莱(Thomas Macaulay)和托马斯·卡莱尔(Thomas Carlyle)等19世纪著名的英国历史学家的作品一样。

或许因为历史学源自纯文学，它在进入大学后被看作一门攀龙附骥的学科。当时一家报纸对1850年牛津大学创设历史学的抨击，同一两代人以后英文这门新学科所受的批评几乎如出一辙：

> 这门科目适合教育吗？它是一种头脑训练吗？将它留到学业完成后不是更好？它是否具有足够的吸引力来确保自身受到自发关注？它是一门方便安排考试的科目吗？……它是否会取代那些需要更严格纪律的科目？(Marwick 1970：46)

正如英文学科那样，历史学试图回避这种对其知识影响力的质疑的方式之一是宣扬广泛的人文主义和民族主义目标。与英文学科一样，历史学被视为绅士群体从事的一项高雅活动，因为它提供了一种非专业性的人文教育的可能性，并与其他学科有着中介关系：从理论上讲，任何事物都可以成为历史探究的一部分。自19世纪30年代起，利奥波德·兰克(Leopold Ranke)及其柏林大学的同事们就将历史学设为一门大学学科。他同样指出这些通才目标，并将其与一个明确的民族主义规划联系起来；通过这一规划，学生们将逐步了解本国的历史与文化，"因为历史不仅仅是一门学术科目：有关人类历史的知识应当是人类的共同财产，最重要的是应当有利于我们的国家，否则我们的工作就不可能完成"(Marwick 1970：38)。

然而，这些人文主义目标通过为历史学提供明确的方法论和理论依据并将其注意力集中至某些指定材料上，与将历史学定位为一项科学活动的尝试并存，有时也会与之发生冲突。主要由于兰克，这种研究历史的新科学方法的权威才得以确立，并且历史学得以与哲学这门在当时占主导地位的人文学科明确区分开来。对兰克来说，历史学强调主要来自档案和其他原始材料的确凿证据，以及对这些材料的细致分析和对事实的详细陈述。在提倡这种新方法时，他实际上抛开了历史学的一些更为宏大的目标，转而支持更加温和的学科抱负："历史学被赋予了判断过去、指导现在以造福未来时代的职责。这项工作并不渴求如此高的职责：它只想展示实际发生的事情。"(Marwick 1970：35)

这种高度强调"事实"的做法将历史学与文学批评的解释模式以及文学自身的创造性转换区分开来。正如牛津大学现代史钦定讲座教授 J. B. 伯里(J. B. Bury)在 1903 年宣称：

> 历史学不折不扣是一门科学……历史学不是文学的分支。历史事实和地质学或天文学的事实一样，都可以为文学艺术提供素材……但是，为人类社会的故事披上一件文学的外衣，不再是历史学家的分内之事；就像不该要求天文学家提供关于星星的艺术化故事一样。(Evans 1997：23)

然而，做出这般有力宣言的必要性表明学科整合的过程并非毫无争议，而且从一开始就有对这种科学的历史学研究方法持批评态度的人。德国历史学家和哲学家威廉·狄尔泰(Wilhelm Dilthey)在其未竟的《人文科学导论》(*Introduction to the Human Sciences*, vol. Ⅰ, 1883)中认为，他定义为关于人类和社会的科学的人文科学(Geisteswissenschaften)不应试图模仿自然科学的实证方法(Naturwissenschaften)。对狄尔泰来说，世界永远不可能被客观和彻底地认识，而只能被解释；在人类经验之外，没有诸如纯粹理性或绝对知识之类的存在。然而比起自然界，我们可以更好地认识人类世界，因为我们更为直接地体验并亲自创造了后者。自然科学只能通过难免模糊的假设性概括提供对自然的因果解释(Erklären)；然而，人文科学能够直观地理解(Verstehen)所有具体真实的生活体验。

20 世纪上半叶，多个国家的历史学家采纳了这些有关人文科学的特殊地位的观点。意大利人贝奈戴托·克罗齐(Benedetto

Croce)借鉴狄尔泰以及维柯等早期思想家的著作,认为历史学必然是一个不准确的、主观的知识领域,而且所有历史都"具有'当代史'的特征,因为无论它所叙述的事件在时间上看起来多么遥远,历史实则指的是受到这些事件影响的当前的需要和状况"[Croce(1941)1970:19]。R. G. 科林伍德(R. G. Collingwood)和乔治·屈勒味林(George Trevelyan)等英国历史学家也声称历史永远不可能是完全科学的或客观的。屈勒味林抨击了将历史视为仅仅是"以科学的原则按时序排比的实事而已"的"德国化的权威",认为它实际上是一种结合了"科学的(研究)、想象或猜想的(诠释)以及文学的(表现)"(Evans 1997:24-26)的构思更为宏大的活动。

这种对肤浅的实证主义的抨击后来在 E. H. 卡尔(E. H. Carr)广为阅读的《历史是什么?》(*What is History?*)一书中得到了宣扬。该书声称历史并非持中立态度对事件进行发掘,而是"历史学家与历史事实之间连续不断的、互为作用的过程,就是现在与过去之间永无休止的对话"[Carr(1961)1964:30]。然而,卡尔的著作在该学科中颇受争议。在《历史学的实践》(*The Practice of History*)一书中,G. R. 埃尔顿(G. R. Elton)对其进行了连续驳斥。后者的著作旨在将历史学与社会学、经济学和人类学等社会科学领域更加现代的竞争者明确区分开来。与兰克所见略同,他认为历史学的独特之处在于它重视严谨的学术研究和对原始资料的关注;他认为"一位历史学家的作品的质量必须完全通过智力的标准加以判断……真理战胜一切(Omnia veritas)"[Elton(1967)1984:69]。他甚至大胆尝试抢夺自然科学的实证主义旗号,认为科学家的实验仍不过是一种建构,而历史学家却"不可能创造他的实验……他所研究的问题拥有一种不受约束的、毫无生气的现实性"(73)。这与利维斯辩称文学研究是一门学科有相似之处。正如利维斯认为文学文本就在书页之"上",无须理论或哲学来理解它,埃尔顿则声称,过去无法被简化为理论,它存在于不同事件的展开之"中",历史学家可以在相关文献中将其寻得。

这些争论在该学科中仍未平息。实际上,当前关于历史学中的"后现代"或语言学转向的激烈辩论,本质上相当于对历史学通过强调它仅能处理文本和叙事而非"现实"的方式来自称具有科学客观性的做法所进行的批判,这在一定程度上可被看作自该学科创立以来就成为当务之急的那些争议的延续(Jenkins 1997)。然而近年来,历史学变得愈发注重反思自身的理论依据和实践,这一点大体上是正确的。历史学家如今更倾向于相信事实并非纯粹"不言自明"(speak for themselves),而且他们的著作吸纳了文本解读以及科学研究的文学批评技巧。

除了这些发展,它的研究重心也进一步从纯粹的外交史和宪政史转向更具包容性的历史形式,并使用了其他学科同样采用的材料。兰克支持前一种方法,因为他强调政治史上的"伟人",并主张"历史大势无法单独决定走向;伟大的人格总是使之生效的必要条件"(Marwick 1970: 244)。事实上,基于材料的科学方法正符合这种对"伟人"的强调,因为现存的、随时可用的原始文献往往出自政治家、君主和外交官之手。然而在 19 世纪,这一观点受到了诸如 J. R. 格林(J. R. Green)的《英国人民简史》(*Short History of the English People*，1874）和 F. W. 梅特兰（F. W. Maitland）的《末日审判书及其他》（*The Domesday Book and Beyond*，1897）等著作的质疑。这些著作开始不满足于仅仅通过政治事件来解读英国史。格林有意从他所谓的"鼓号式历史"（drum and trumpet history）转向社会趋势以及文学和文化文本，旨在"以更多的篇幅关注乔叟而非克雷西（Cressy）[1]，讨论卡克斯顿（Caxton）[2]而非约克家族和兰开斯特家族之间琐碎的纷争[3]，侧重伊丽莎白女王颁布的《济贫法》（Elizabethan Poor Laws）[4]而非她在加迪斯[5]取得的胜利，突出卫理公会复兴（Methodist revival）[6]

---

1 克雷西是1066年参与征服英格兰的一个诺曼家族名称。该家族发源于法国诺曼底的克雷西，后世较著名的家族成员是英国政治家休·克雷西（Hugh Cressy），曾于1390年前后担任诺丁汉郡议会议员。

2 威廉·卡克斯顿（1422—1491），英国第一位印刷出版商，同时也是一名翻译家，对英国文学的发展产生了重要影响。

3 即玫瑰战争（Wars of the Roses），指1455—1485年兰开斯特家族（徽章上有红玫瑰）和约克家族（徽章上有白玫瑰）的支持者为了争夺英格兰王位而爆发的内战。这场战争的结束标志着英国文艺复兴时期的开始。

4 指英国女王伊丽莎白一世统治期间为应对贫困问题于1601年颁布的《济贫法》。该法案将地方治安官为救济穷人征税的权利纳入立法。《济贫法》在英国历史上很有争议，有人认为该法案过于严苛，对穷人帮助不够，也有人认为它过于宽松，助长了懒惰。

5 伊丽莎白一世在位期间，英国和西班牙为争夺海上霸权爆发了数次战争，其中1596年英国发动的加迪斯远征（Battle of Cadiz）尤其闻名。在这场远征中，英国获得大胜。英西战争持续数十年，最终以英国彻底击败西班牙无敌舰队而结束。这场战争的胜利对英国历史的走向影响深远。

6 卫理公会复兴也被称为"英国大觉醒"或"福音复兴"，指卫理公会派创始人约翰·卫斯理（John Wesley，1703—1791）发起的宗教改革复兴运动，同时也是一系列社会改革运动，倡导心灵与道德的重整，使国家避免爆发像法国大革命那样的流血革命。这场宗教复兴对英国影响极为深远。

而非小僭王(the Young Pretender)[1]的出逃"[Green(1874)1915：vii]。

在法国,费尔南·布罗代尔(Fernando Braudel)、吕西安·费弗尔(Lucien Febvre)和马克·布洛赫(Marc Bloch)等历史学家于1929年创立了影响深远的年鉴学派(Annales School)(还包括一本同名刊物)。该学派的著作同样试图使这门学科免于狭隘地强调政治或宪政史上的重要人物。他们的"总体史"(total history)包含了各种各样的社会、经济、文化和地理因素,以及一个民族的集体心理学,或"心态史"(the history of mentalities)。正如费弗尔指出,这意味着不同知识领域不再能彼此分离:"人不能被切成一片片,他是一个整体。历史的整体也不可以分割——事件在这边,思想信仰在那边。"(Appleby *et al*. 1994：82)他们旨在解读广泛的材料,而非仅仅是"科学地"记录历史事件——或如费弗尔简明扼要地说道:"一个所谓事实的收集者的用处跟一个火柴盒收藏者差不多。"(Marwick 1970：246)因此,年鉴学派成员的工作可被视为抨击学科傲慢:对于历史学家而言,历史并非像自然界之于科学家那样触手可及,这是因为关于过去的"真相"埋藏在意想不到的地方,以及与其他学科的交会处。

---

[1] 全名查尔斯·爱德华·斯图尔特(Charles Edward Stuart),英格兰国王詹姆斯二世(同时兼任苏格兰国王詹姆斯七世)之孙。在生前他又被称为小王位觊觎者、小僭王、小骑士、邦尼王子查理(Bonnie Prince Charlie)等。因在1745—1746年间试图夺回祖父詹姆斯二世失去的英国王位而闻名。因后人对他失败后逃离苏格兰的经历进行了一系列浪漫化描述而被赋予失败英雄形象。

第四章 历史中的文本

年鉴学派的方法在英国"从下层看历史"(history from below)学派的发展中得到了反映。自20世纪60年代起,该学派的发展势头尤为强劲。例如,在《英国工人阶级的形成》(*The Making of the English Working Class*)一书中,E. P. 汤普森(E. P. Thompson)提出了这样一种历史:它并不强调君主制和政府中的"伟大"男女,而是将"穷苦的织袜工、卢德派的剪绒工、'落伍的'手织工、'乌托邦式'的手艺人……从后世的不屑一顾中解救出来"[Thompson(1963)1980:12]。对于汤普森等人来说,传统历史学家强调官方文档,最终只反映了权贵们的既得利益;历史证据必须由历史学家根据它所体现的权力关系和所排除的叙事来进行积极解读,而非被中立地和科学地"发现"。因此,来自下层的历史学家更可能强调社会与文化而非政治史,他们利用文学文本、自传、神话和视觉表征等"软性"资料,以及政府官方文件、国家文件和统计数据等"硬性"资料。换言之,他们的研究可能与文本批评家和文学史学家的研究位于同一连续体,而非严格地与之分离。

从这段讨论中可以看出,历史学作为一门科学的地位及其与历史"真理"的关系始终问题重重。此外,这种通过强调该学科资料来源的独特性从而为其划定明确界限的尝试,颇似文学研究中单一强调经典的做法,而且越来越受到质疑。事实上,我们可以发现,历史学科中许多关于其研究范围、涉及对象和内在连贯性的辩论与那些在文学研究中展开的辩论类似。跨学科方法试图质疑两门学科之间的界限,故经常利用这些长期存在的争论。

马克思主义与文化

马克思主义是思考文学与历史之间关系的最具影响力的框架之一。它必然是一个跨学科思想体系，因其认为历史过程影响艺术、文化和思想的生产。最重要的是，马克思主义强调思想和物质形式相互之间的关联性，并认为由于社会和文化的辩证发展，这些相互关系在不断发生变化，而社会和文化正是通过这一辩证发展过程产生并最终解决其内在矛盾。20世纪的马克思主义哲学家日益转向思考历史发展如何在文学和文化文本中被调节、改变和表达。这一文化转向在一定程度上归因于一系列令人失望的历史事件，它们意味着政治和经济革命似乎不那么迫在眉睫。

在经典马克思主义中，资本主义的历史力量对文学、艺术和文化起决定性作用。马克思在《政治经济学批判》(1859)的序言中指出，一个社会由其法律、政治和宗教机构以及文化和知识形式组成的"上层建筑"，完全由其经济基础结构或"基础"决定，而后者本身就是历史生产方式（如封建主义或资本主义）的产物。在20世纪的发展过程中，马克思主义文化批评逐渐摆脱了这种"自上而下"的简化模式，但它进而面临着界定历史变化与文化形式之间的确切关系的问题。它还讨论了马克思主义作为知识的地位：它是一门学科，拥有自身用以确定其特殊真理形式的内在标准？还是一种跨学科知识形式，可用于整合和理解现有学科？

或者它只是众多相互竞争的知识体系的其中之一？我想提及三位主要理论家——西奥多·阿多诺、路易·阿尔都塞和弗雷德里克·詹姆逊——来探讨其中一些问题，因为他们特别关注文化与历史之间的联系以及马克思主义与学科知识的关系。

法兰克福学派于20世纪20年代末首次出现在法兰克福社会研究所，其成员包括阿多诺、马克斯·霍克海默和赫伯特·马尔库塞等批评家，并专门开展跨学科研究。它旨在生产一种能将哲学与一些新的社会科学联系起来的"批判理论"，这与马克思呼吁哲学家将他们的工作和社会政治批判结合起来相一致。然而，阿多诺和他的同事拒绝正统马克思主义，认为它过于简单化，无法解释复杂资本主义社会的运作。他们对于无产阶级革命不抱希望，认为工人阶级已经丧失了引发革命性变革的能力，因为他们已经过于融入大众资本主义社会。批判理论的任务是解释革命为何未能发生，而它给出的答案是资本主义加强了对被压迫者的意识形态控制。

鉴于这种对意识形态的关注，阿多诺的许多批判都是在文化层面展开的，并且尤为关注先锋艺术和大众文化之间的差异。虽然电影、爵士乐和通俗文学等大众文化产品与"文化工业"（culture industry）的经济和意识形态需求紧密相关，但高雅文化领域，尤其是现代主义先锋派的抽象艺术形式，仍是在一定程度上能够逃避一个实行全面管制的极权社会的少数领域之一。例如，阿诺德·勋伯格（Arnold Schoenberg）毫不妥协的无调性音乐对其自身的生产条件、对它与音乐史以及与更广泛的经济和历史力量的关系进行了内在批判（Adorno 1981：149-172）。正如阿多诺在这些

关于音乐的评论中表明,政治上最为实用的艺术形式复杂地折射出它们的社会情境:

> 越是好的音乐,就越能在它独特的形式语言的张力中深刻表达社会矛盾并克服社会必然性,用受难的语言符号来呼唤变革。音乐不是在无助的恐慌中注视着社会。如果它通过它的素材并根据它的形式法则把社会问题呈现出来,它就准确地完成了它的社会功能。
> (Adorno 1978:131)

阿多诺的研究常被指责为精英主义,因为他假设只有某些类型的文化可以避开资本主义社会的监视策略。然而从跨学科的角度来看,他的优势在于表明这些文化形式不仅是历史过程的被动制定者,而且可以批判地反思自身的历史性并与之互动(尽管是以一种错位的形式)。

阿多诺并不试图将马克思主义设为一门科学学科或元学科,而是对历史偶然性以及不同形式"真理"的社会生产进行批判性反思,认为"假装自由浮动的知识阶层本质上根植于那些必须得到改变而他们只是假装批评的存在本身"(Adorno 1981:48)。在《启蒙辩证法》(1947)中,阿多诺和霍克海默批评了这一观念,即,知识,尤其是科学,能够以某种方式跳出其探究对象。他们认为启蒙运动最初是一个开放的、自我批判的规划,但随着它日益教条化,开始控制身心和自然界,这些原则已不复存在[Adorno and Horkheimer(1972)1997:3-6]。与后启蒙社会将世界上不同现象同质化的"同一性思维"(identity thinking)不同，阿多诺的著作强调思想的多样性，旨在将寻求审视资本主义巨大社会政治力量的角度独到的马克思主义"超越性"批判与一种从内部理解思想和现象的"内在"批判相结合。阿多诺在对资本主义的非正义进行分析的批判理论和认识到资本主义社会中没有任何思想体系能够逃脱理性拜物教的**自我批判理论**之间来回切换。

法国思想家路易·阿尔都塞的著作继续探讨历史过程和文化形式之间的一些矛盾，同时从理论上说明了马克思主义与科学学科之间的一种不同关系。他追溯了发生于 19 世纪 40 年代中期的马克思著作中的"认识论断裂"(epistemological break)，其中标志着马克思早期生涯的前科学人文主义被真正的历史科学——历史唯物主义所取代。他将这一重大变化与 16、17 世纪科学革命中自然科学的转型相提并论。事实上，马克思的主要著作《资本论》代表着"一门新学科的建立……一门科学的历史的绝对开端"(Althusser and Balibar 1970：15)。传统历史学家关注通过筛选证据和在历时框架内研究因果关系来确定关于过去的"真相"；这门科学则不然，相反，它指向"使历史理论摆脱同'经验'暂时性的任何妥协的绝对必要性"(105)。

因此，历史唯物主义试图将人类中心主义和目的论观念从历史中清除，这些观念将历史描述为具有由人类的能动性所决定的起源、设计和终极目标。对阿尔都塞来说，历史是"一个没有主体的过程"，正如科学知识是"一个没有真正主体或目标的过程的历史结果"(Althusser 1976：56)。阿尔都塞试图领会马克思著作的真正意义，这一尝试可与拉康的"回到弗洛伊德"(return to

Freud)相提并论。但是,拉康质疑精神分析学的科学志向,而阿尔都塞则将马克思主义重构为一门冷酷客观的科学。他认为,马克思主义对于人文和社会科学的重要性在于,它"使他们工作所在的'大陆'向科学知识敞开大门,直到现在,他们在这个'大陆'上所得到的还只是一些很初步的知识……要么是一些知识的因素或萌芽……要么是一些简单幼稚的不能被称为知识的幻想"(Althusser 1971:72)。因此,阿尔都塞的跨学科可被视为自然科学占据主导地位的论据之一:它以发展一种总括的、优越的知识形式为基础,即能够殖民非科学并带领它们走向科学成熟的历史唯物主义科学。

这种将马克思主义重构为一门科学的做法使阿尔都塞得以宣称,历史证据唯有在支持历史唯物主义理论的情况下才有意义。举个例子,这意味着,了解斯大林在苏联实行的统治未必会促使我们质疑斯大林主义。马克思主义理论无须诉诸外部证据,只要它保持内在的一致性:

> **理论实践**就是它自身的标准,它本身包含着**确证**它的产品质量**合格**的明确记录……在科学的现实实践中,情况也只能是这样:科学一旦获得真正确立和发展,它就不需要通过外部实践来证明它所生产的认识是否"正确"。世上任何一个数学家都不会期待物理学来**检验**定理,从而宣布它得到了证明……数学家定理的"正确性"百分之百地产生于纯粹是数学论证的实践所**固有**的标

准……这些论述适用于一切学科。[1]（Althusser and Balibar 1970：59）

事实上，这是一个相当独特的观念，即将科学视为数学——一种通过将空间和数值关系化简为抽象公式，而不是先生成假设再通过经验观察对其进行检验从而获得发展的知识领域。代数、微积分和对数等数学概念都是在它们自己制定的特定术语范围内生效的人类建构。相比之下，物理学、生物学和化学等科学显然以自然界的外部证据作为其科学发现的基础。

阿尔都塞试图将理论与实践分离并否认历史现实——除非它能为马克思主义科学提供支持——的做法受到了多位历史学家的抨击。这或许不足为奇，因为他的尝试质疑了历史学科的全部存在理由（raison d'être）。例如，E. P. 汤普森指责阿尔都塞是从数学或分析哲学中挪用了他的"理论"概念。与这些知识领域一样，阿尔都塞的研究也是"完全自我确证的。它在自己的问题域以及自我延续和自我完善的程序范围内工作"（Thompson 1978：204）。汤普森将这种封闭理论体系的发展与大学中日趋专业化的现象联系在一起，认为今天的理论家"比以往任何时候都更加脱离实践；他们在结构复杂的体制内按照'时间表'和计划工作……他们关于世界的知识越来越多地经由非观察手段在他们的头脑或理论中形成"（300 - 301）。

---

[1] 译文参考中译本《读〈资本论〉》（李其庆、冯文光译，中央编译出版社 2008 年版），第 60 页。

我们已经遇到过汤普森论点的不同形式:该论点是关于学科的孤立性以及它们拒绝对自身的工作进行批判性反思。他声称阿尔都塞的马克思主义不过是一门枯燥乏味的学术科目,它更加关注生产只是忙于自我复制的空洞理论,而非阶级斗争或社会不公。汤普森与阿尔都塞所持的立场截然对立:阿尔都塞认为"历史"是一种用于为科学服务的理论建构,而汤普森却认为"学术程序之外"发生的"真实"历史可以纠正学术上的知识划分(200)。阿尔都塞的立场和本书探讨的支持学科发展的其他观点之间必然存在联系,尤其是这种看法,即存在一条中立的科学认识道路,一种独立于文化或历史因素而存在并在其自身的参照系内生产绝对真理的"知识效应"(knowledge effect)。

然而从跨学科的角度来看,阿尔都塞的工作无疑是有价值的,因为它和阿多诺的工作一样,他们都重新阐释了经典马克思主义,认为语言、文化和再现领域主要是通过提出一种包容性的"意识形态"概念而与经济和历史过程紧密相连。在马克思的著作中,意识形态往往被视为"虚假意识",即个体对其真实社会状况的虚假信念。但对于阿尔都塞来说,意识形态并未掩藏某种根本现实,而是构成了我们理解世界的所有方式的一部分,并将我们建构为单个的主体(individual subjectivities)。阿尔都塞著作中对意识形态的高度重视意味着文化上层建筑被视为"相对独立"于经济基础(Althusser 1971:130)。此外,这表明文化文本不仅反映了历史过程,而且与之相互作用并有助于产生后者。"历史"和"文本"因而成为彼此关联的话语实践网络的一部分。话语的普遍性还意味着,所有形式的知识都是在阿尔都塞所说的"问题域"(problematic)中生产的：一种就像一门学科那样强调某种思维方式并排斥余者的话语框架(Althusser 1977：32)。然而，出于尚未完全明确的原因，阿尔都塞似乎相信科学，特别是马克思主义科学，能够绕过这种意识形态陷阱。

弗雷德里克·詹姆逊是当代最重要的马克思主义文化批评家，他的工作是基于我们应该"总是要历史化"(Jameson 1981：9)的信念和这一努力因文本与理论对历史的中介而充满问题的意识之间的一种阿尔都塞式的紧张关系之上的。在《政治无意识》一书中，詹姆逊对自己的立场进行了最为详细的探讨，并断言历史作为"我们的理解的终极基础和不可逾越的界限"(100)具有重要性。他进而批评了自 20 世纪 60 年代以来文化批评中他所谓的"结构主义"转向——它不仅指的是结构主义，还包括一系列强调语言至上、改变了人文和社会科学的理论。他认为，这种转变"把'文本'概念楔入了传统学科之中，把'话语'或'写作'观念推到以前被认为是'现实'或真实世界的客体之上"(297)。他质疑这种将历史视为仅仅是叙事代码之一的倾向，认为"历史就是伤害人的东西……可以肯定，不管我们多想忽视它的必然的异化力，这种异化力都不会把我们忘掉"(102)。

与此同时，詹姆逊认同阿尔都塞的这一观点，即历史唯有在文本中再现之后才能被认识。虽然"历史不是文本"，但它"只能以文本的形式接近我们，我们对历史和现实本身的接触必须先将它文本化(textualisation)，以政治无意识将它叙事化(narrativisation)"。历史，就像弗洛伊德精神分析学中的无意识一样，只能通过断续揭示其"缺场的原因"的叙述形式得以认识(35)。因此，詹姆逊提出了一种跨学科的马克思主义批评模式,它试图"围绕渗透一切的叙事过程,重新建构意识形态的、无意识的和欲望的、再现的、历史的以及文化生产的诸多复杂问题的框架"(13)。这意味着,马克思主义历史分析需要与在文学研究等学科中习得的细读技巧并存,因为只有通过仔细解读文本的叙事"症候"(symptoms),才能揭示政治无意识的运作。

詹姆逊的另一杰出贡献是指明文本中的"乌托邦"元素,保留了正统马克思主义对彻底社会转型的可能性的信念。他认为,马克思主义分析之所以对文学和文化文本感兴趣,是因为它们激发了这种乌托邦冲动:尽管它们始终根植于所属时期的意识形态之中,但通过制定当代社会安排的替代方案并设想一个阶级和谐、文化统一的未来时代,这些文本亦受想象一个更加美好世界的愿望所驱动。他认为,在"乌托邦视角"中,还原论的马克思主义文学和文化分析(将其描述为仅仅是历史或经济力量的结果)的缺点得以避免或超越。这一视角所期望的是一个无阶级社会——在这个社会中,阶级社会的历史冲突和矛盾业已消失,因而经济基础和上层建筑或者历史过程和文化形式之间的区别不复存在(293)。在此,我们可以做一个比较:利维斯的有机社会模式属于回顾性的跨学科范畴,它想象一个文化与社会两相结合的昔日的有机社会,而詹姆逊的模式则属于前瞻性的跨学科范畴,它所设想的是一个文化与历史之间的划分业已消失的未来社会。

詹姆逊的跨学科研究显然是基于他相信自己能够在马克思主义中寻得一种包罗万象的终极知识。尽管承认总体性知识不可能存在,因为"总体并非随时可用于再现,它至多在某种终极真理的形式中可以达到"(55),但他的确认为,寻求总体化视角应该至少是知识工作的方法论目标。马克思主义"包容其他阐释模式或体系;或用方法论的术语说,通过将它们的精神活动从根本上历史化,这些阐释的局限性总是可以克服的,它们比较积极的发现也可以保持"(47)。那么从广义上讲,我们可以说马克思主义文化批评中跨学科的可能性主要沿着两个方向发展。首先,它的特点是以日趋微妙复杂的方式提出关于文学、文化和历史之间关系的问题。其次,有时它的特点是相信不同学科可以在一个由马克思主义实施的综合项目中结合起来,这本身被视为一种知识的特权和科学形式,詹姆逊称之为"一切阅读和一切阐释的绝对视域"(17)。

知识与权力

尽管福柯完全反对这种对(学科)综合的追求,但在帮助文化史家和文学评论家透彻思考文本与其历史之间的复杂关系方面,他同样影响巨大。他的研究很难被归入任何一门学科,因为他既像历史学家一样致力于发掘艰深档案材料,又像哲学家一样在主题选择上不拘一格、思想深邃。福柯于1970年获聘法兰西学院"思想体系史"(History of Systems of Thought)特设教席,而这似乎是对其工作的一种相当准确的描述:其中多数内容关注的是使特定知识形式成为可能的知识和制度结构,因而它显然论及学科性质以及开展跨学科工作的可能性。在《词与物》(*The Order of Things*)一书的开篇，福柯回想了自己曾因豪尔赫·路易斯·博尔赫斯(Jorge Luis Borges)所写的一个故事而发笑的经历。这位阿根廷作家在故事中描述了一部中国百科全书，它将动物划分为一系列显然随意的类别，如"属皇帝所有""浑身有十分精致的骆驼毛刷的毛""刚刚打破水罐的"和"远看像苍蝇的"等(Foucault 1970: xv)。对福柯而言，这些分类的任意性表明，从另一个角度来看，我们视之为自然而然的知识划分可能同样显得十分荒谬。

福柯的主要目标之一是通过揭示科学家、学者等群体仍未意识到但依然成功框定和限制他们行为的思想体系，提出一种"知识考古学"。他认为，在当今时代，知识逐渐变得更具组织性和更为专业化。在文艺复兴时期，思想是由"移动性原则"(principle of mobility)组织而成，而世界是"一大本打开着的书"，其中"词在物的普遍相似性中闪烁"。(Foucault 1970: 23, 27, 49)在17世纪中期到18世纪晚期的古典时代，间断性得到确立，一种排序和分类的过程启动，不过是在一个普遍体系的总体框架内进行。然而自大约1800年起，随着现代的到来，"知识自我封闭"，自然科学、哲学以及其他学科开始划分"空间之模糊的单调性"。(89, 113)

福柯将这种对知识的规训与一个日益规训化的社会的全面发展联系起来。事实上，正如基思·霍斯金(Keith Hoskin)指出，福柯的著作反复利用"纪律"(discipline)作为知识组织和权力运作方式的双重含义(Hoskin 1990: 30)。福柯认为，在形成于18世纪末的"后启蒙"社会中，绞刑、鞭刑和酷刑等公共和身体惩罚形式已经被更微妙的监视和自我监视的形式所取代。这些形式限制了社会中可被言说、书写和认识的内容,因此有助于创造和约束个人主体性。福柯指出,教授学术科目的学校和大学同样是规训环境。它们是由师生之间的等级关系以及一个包含时间表和检查的体系组织而成,从而产生"一种能够导致定性、分类和惩罚的监视"(Foucault 1979:184)。

在《词与物》中,福柯专门论述了"人文科学",它诞生于19世纪并试图创造一门研究人类行为的科学。对福柯来说,主要的人文科学是经济学、语文学和生物学。其中生物学更常被定义为一门自然科学,而他却将其纳入人文科学的范畴,似乎是因为精神科学的生物学根源。从这三门学科中,涌现出了关注人类社会(例如,社会学、人类学、犯罪学、政治学和经济学)、文化(文学批评、艺术和神话研究)和心理过程(心理学、精神病学和精神分析学)的各种学科。对福柯而言,人文科学实际上创造了一种人类意义的观念,因为"当人在西方文化中,把自己构建为既必定被思考,又将被认识的时"(Foucault 1970:345),人文科学出现了。他认为,现代西方社会控制和规训人的方式之一是将决定人类行为的普遍"规范"由何构成的权力授予人文科学。这一过程也定义了"异常"(deviant)。因此,这些学术科目的形成证明了福柯著作中最根本性的洞见之一:知识与权力之间的密切关系。

福柯的历史发展观也是围绕着这一关于知识与权力的相互关系的基本洞见而形成的。他认为,权力的形成和确立需要话语生产,以便理解和合法化权力。对福柯来说,话语是指一种在历史中构成的"真理"形式,或是一个社会中的特定权力安排将会允许言说、书写和思考的内容。他认为,历史的演进不是通过历史事件按照时间顺序的展开,而是通过以构成和限制知识的方式进行的话语中断与转变。他用"认识型"(epistême)这一术语来定义一个特定时期的思想体系,而该体系决定了"观念得以呈现,科学得以确立,经验可以在哲学中被反思,合理性得以塑成,以便也许以后不久就会消失"(Foucault 1970:xxii)的环境。

既然我们关于现实本身的认识是一种"话语"建构,任何对现实的研究都需要建立在文本研究的基础上,而这些文本彼此之间不能被强调特定书写形式的学科或批评方法所隔绝。正如福柯所说,如果我们始终"停留在话语的范围之中",那么这一假设则使得我们在文学研究对文本和语境所做的传统区分中发现的任何"内部"和"外部"的概念都值得怀疑(Foucault 1972:76)。它还挑战了历史学的学科排他性:福柯认为,历史学的学术实践过于关注寻找一个有利视角,从而将历史事件的多样性简化为单一的权威版本。他建议应该用一种"谱系学"(genealogy)来对抗"历史学"的传统活动,该谱系学将关注"任何单调的终结之外的事件的单一性",并在"最没有希望的地方,在我们往往感觉没有历史的地方"找寻这些事件(Foucault 1977:139)。"谱系学"是一个与福柯晚期的著作尤为相关的术语,其目的在于揭示对官方描述构成挑战的非法知识,但不如他早期对维护主导性权力结构的强力话语所做的"考古学"分析那般影响广泛。更为传统的历史学研究可能会试图发现起源、原因和总体趋势,谱系学则因而往往侧重于具体实践和看似无关紧要的细节。这种受压抑的知识很可能在历史学科中不太受重视,而在人文学科的其他领域更为常用的资料类型中被寻得,如小说、故事、叙事、神话、书信、日记和证词。

第四章 历史中的文本

文本的历史性

自 20 世纪 80 年代初在美国兴起的新历史主义文学和文化批评学派深受福柯使用"话语"范畴来质疑不同知识领域之间的传统区分这一做法的影响。新历史主义者旨在以一种等而视之的方式关注文学与历史，从而产生路易·蒙特罗斯（Louis Montrose）所谓的"文本的历史性"和"历史的文本性"：

> 所谓文本的历史性，我指的是所有书写方式的具体文化语境和社会嵌入……我所说的历史的文本性，意思是……我们不可能接触到完整而真实的过去，一个不受所讨论的社会现存文本踪迹所中介的活生生的物质存在。（Montrose 1989：20）

因此，新历史主义跨越了历史学和文学批评之间的鸿沟，并或许因此而同时受到了两门学科的学者们的批评。

斯蒂芬·格林布拉特（Stephen Greenblatt）在首次对新历史主义进行介绍的文章中认为，该术语回应了将文学研究限定为一门学科的两个特定的关键假设。首先，它挑战了新批评对"语象"（verbal icon）的强调，即文学文本是一个独立自足的形式和主题统一体。其次，它摒弃了传统的文学史研究方法，因其假定历史材料作为文本阐释这一主要任务的有用"背景"不过是次要的，而这一背景可被理解为连贯统一的,是"文学解读可以放心参考的一个排除了偶然性的稳定参照物"(Greenblatt 1982：4-5)。而新历史主义对这种排除的回应是一种"更加强烈的意愿,以历来研究文学文本时的那份专注来阅读过去的所有文本踪迹"(Greenblatt 1990：14),因此它倾向于论述传统文学资料和非虚构形式,如自传、旅游写作、政治文件和经济学论著,以及视觉艺术、物质文化、仪式和其他日常文化实践。

与此同时,新历史主义挑战了历史学作为一门学科的社会科学抱负。后现代历史学家海登·怀特(Hayden White)的著作常被新历史主义批评家引用,他认为每一门学科都是"由它不允许其实践者去做的东西建构而成的。各门学科都是由一系列对思想和想象的限制条件组成的,而在所有学科中,职业历史编纂学受禁忌的束缚最严重"(White 1978：126)。他认为历史不应被视为一门科学,因为它使用的是修辞性而非技术性语言,运用的是与文学文本中相似的叙事技巧,并且更依赖于隐含假设而非对照实验法或理论论证(White 1995：243)。

然而作为一门学科,它往往通过对自己的实践不加反思来掩盖其叙事性;它以与过去的文本踪迹之间任何真正的批判性关系取代了"事实"拜物教和所谓的科学方法论。新历史主义者挑战这一科学模式的方式之一是,他们不像传统历史学家那样关注因果关系:事件如何发生、为何发生,进而导致其他事件。他们倾向于以共时而非历时的方式来看待历史,这意味着他们更愿意取一个时期的截面,考察其中生产的文本范围,而不是观察这些文本如何随着时间的推移"发展"成其他文化形式。如果他们将历史完全视为过程的话,这是相较于对改变了我们认识和再现世界的方式的认识论断裂的福柯式关注而言。

在这方面,新历史主义与克利福德·格尔茨(Clifford Geertz)等理论家所从事的新文化人类学有许多共同之处。格尔茨认为,文化概念"实质上是一个符号学的概念",因此人类学"不是一种寻求规律的实验科学,而是一种探求意义的解释科学"(Geertz 1973：5)。为表明文化中充满了无法轻易从外部理解的复杂符号和代码,他借用了英国哲学家吉尔伯特·赖尔(Gilbert Ryle)关于眨眼的例子:根据其得以产生和得到解释的背景的不同,这一举动可被解释为一次面部抽搐、一个表示阴谋的动作(conspiratorial gesture)或一种模仿行为。运用赖尔的术语,格尔茨认为"薄描"(thin description)会将这些动作视为完全相同的眼睑张合,而"深描"(thick description)会将它们视为构成日常生活记号和符号的"意义结构的分层等级"(7)的一部分。

这种对深描的强调意味着人类学内部远离自然科学的更普遍转变:比起研究"原始"文化以发现人类文化的基本、普遍元素,如今它更倾向于将这些文化本身视为只能被解释,而不能由民族志学者按照科学方法发现的复杂体系。对格尔茨来说,这是社会科学中更普遍的"解释学转向"的一部分,通过这种转向,学者们越来越多地使用人文学科中的类比以"摆脱社会物理学的梦想"(Geertz 1983：23)。鉴于深描涉及在越来越复杂层叠的人类经验中进行挑选,"文化分析本质上是不完全的",它等同于"对意义的推测,估计这些推测,而后从较好的推测之中得出解释性结论,而非发现意义的大陆,然后标画出没有实体的景观"。(Geertz

1973：29，20)

新历史主义批评可被看作关于过去社会的一种格尔茨式的民族志,通过其文本残余来解释它们的具体性和特异性。与格尔茨一样,新历史主义者倾向于拒绝包罗万象的架构或学科全覆盖的伪装,而支持格尔茨所谓的"地方知识"(local knowledge)。他们经常会使用逸事的、拼凑的方法从数量相对较少的不同文本中追溯或推断出更广泛的模式,这种方法就像"提喻"这种文学修辞(以部分代指整体概念)。例如,一位专攻现代主义和现代性的新历史主义者可能会提出一个经济学论题,如 F. W. 泰勒(F. W. Taylor)的《科学管理原理》(*Principles of Scientific Management*, 1911),它试图通过流水线生产和时间动作研究来控制工作节奏,从而提高工业效率;埃兹拉·庞德(Ezra Pound)和 R. S. 弗林特(R. S. Flint)的意象派诗歌宣言(1913),将意象派诗歌描述为"理智与情感瞬间的混合物"(Kolocotroni *et al*. 1998:374);20世纪的头几十年里出现了一种新型广告,它敦促家庭主妇借助预制食物或洗衣店等省时技巧来利用那些"可能被花费掉的数小时"。在一个工作和休闲时间日益规范的时代,这些文本可能被放在一起,用以探索在现代文化和社会中思考短暂性和瞬时性的新方式。

在历史系工作的学者有时对这种刻意拼凑的方法持批评态度。例如,多米尼克·拉卡普拉(Dominick LaCapra)首先赞扬了新历史主义的跨学科抱负,认为它对人文学科的吸引力在于"明显渴望在彼此经常处于完全隔绝状态的不同文化层次之间找到联系"。但他认为,试图建立这种联系往往会导致一种"肤浅的联想主义",它将各种各样的文本联系在一起,却没有批判地思考它

们之间的真正联系或差异。他认为,新历史主义分析:

> 采取了精心制作的高雅文体集合这种几乎惯例化的形式,其中少有在辩论中驻足思考困难或可疑的步骤的尝试。因此,互文和跨文化分析这一值得称道但要求很高、存在问题的理想得到了一个过于简单但又深思熟虑的解决方案——可以称之为温和蒙太奇的伪解决方案,或者(如果你愿意的话)剪贴拼凑法。(LaCapra 1989:193)

拉卡普拉建议,从一位历史学家的角度来看,我们需要提出关于这些广泛来源的地位和差异的问题,并探讨它们作为我们正在进行的特定历史研究的证据所具有的代表性或可用性。他认为,新历史主义批评中还缺少一种不同社会和文化层面之间的互动意识——例如,在高雅、低俗和中庸文化之间,或者在不同的社会群体和阶层之间——而一位传统历史学家或社会学家可能会带着这种意识去处理同一材料。正如拉卡普拉指出,这种对社会权力关系的关注已经成为许多激进史的议题,但新历史主义者倾向于将它与"总体化理论或恐怖主义元叙事"联系起来(194)。他将这一假设与新历史主义的政治悲观主义联系在一起,这种悲观论调认为,主导力量最终总是会收回文本可能具有的任何政治颠覆潜力,或者正如格林布拉特所说,"在表面上制造颠覆力量……正是权力的条件"(Greenblatt 1985:45)。对于像拉卡普拉这样的批评家来说,这种强调主流话语的普遍性的做法很容易沦为一种同质的文本形式主义，它无异于将历史否定为"有害的东西"，尽管新历史主义者声称他们具有跨学科抱负。

莎士比亚与英国文学

大约与新历史主义同时代发生，但主要集中于英国的批评运动——文化唯物主义对前者提出了一些十分有力的批评。它与新历史主义有许多共同特征：关注文本与历史之间的复杂协商、知识形态与社会权力组织之间的联系，以及传统学术分工在解决这些问题上的无能为力。事实上，这两场运动之间的差异有被夸大之嫌：两者都不是统一的思想体系，而且它们往往进行着非常相似的工作。此外，这些运动与现有学科之间的批判性关系意味着它们都具有不愿过于程序化地定义自身及其活动的特点。但是，两者在批评方法和主题方面仍存在重要差异，而这些差异关乎我们对跨学科的探讨。

新历史主义者和文化唯物主义者之间最重要的分歧之一是后者倾向于认为自己比前者更关注政治，这在一定程度上解释了他们对规训和制度结构的敌意。例如，文化唯物主义者艾伦·辛菲尔德建议学者应该与学术界以外的亚文化结盟，如女权活动家、生态抗议者或同性恋权利活动家，而不是"陷于专业的英国文学中——躲在大学里，使用生僻词汇，变成小池里的大鱼"(Sinfield 1994a：76)。他认为，新历史主义关注所有话语形式被主导权力结构所捕获的现象，这使它能够回避自身与外部世界的关系问题,并且"明显与它深陷自身职业陷阱的状况有关"(Sinfield 1992:290)。

因此,当承认新历史主义者的专业性——他们对文学和历史研究的高标准以及"(他们)文本分析的微妙和严谨"(Sinfield 1992:7)——时,辛菲尔德实则是对其明褒暗贬。他认为,这些技巧只是用来将历史文本化,而这是通过其唯一的创新之处——将细读技巧应用到比文学批评中的常见文本要更为广泛的文本之中——来实现的(285)。辛菲尔德认为,对于文化唯物主义者来说,这一跨学科议题是不够的,"被该议题目的何在的问题所困扰"的他们"需要文学批评极少具备或者不知该如何去寻找的"、存在于历史学和社会科学中的"知识模式"。(8,49-50)他认为,因为所谓的新历史主义的跨学科性不受激进政治议程的影响,所以它总是有可能重新陷入服务于自身目的以及再生产该学科传统框架的专业主义。

这种方法上的差异意味着文化唯物主义者更倾向于将研究其他历史时期的文本作为解决当代政治问题的一种方式。相比之下,新历史主义者往往只关注历史材料,强调过去的差异性,对历史学家所谓的"时代错乱"(anachronism)——未能理解过往时代独特的社会、文化和知识框架——持谨慎态度。从这个意义上说,两次运动都引发了历史学科中长期存在的争议,即历史学家的任务是摒弃当代偏见,去认识其他历史时期的特定社会结构、日常实践和思维模式,还是如克罗齐所言,一切历史都是当代历史。为了指出历史文本作为解决当代问题的一种方式的有用性,文化唯物主义者往往试图发现它们内部的意识形态冲突和矛盾,而不是它们永远受缚于主导权力形态这一事实。辛菲尔德聚焦于他所谓的"断层线"(fault-line)故事,这些故事围绕着棘手的、令人不安的社会问题,因为"最需要关注(即最刻苦而持续的改写)的是那些令人困窘的、有待解决的故事"(Sinfield 1989:37)。

在许多方面,文化唯物主义都借鉴了首先提出这一术语的雷蒙德·威廉斯的研究,特别是他对在任何时候都共存于一种文化中的"残余"(residual)、"主导"(dominant)和"涌现"(emergent)形式所做的重要区分(Williams 1977:121-127)。这一区分表明,主导文化是异质的、动态的,总是要与对立的新文化和过往时代的历史遗存抗争。正如它们对威廉斯著作的共同依赖所表明,文化唯物主义与英国文化研究的政治和知识设想之间显然存在相似之处。但两者之间存在一处重要区别:文化研究通过研究其他文化形式大体取代了文学研究,从而挑战了学科门类;而文化唯物主义则以从内部颠覆该学科的方式发起了类似的挑战,它从跨学科的角度与其最受尊敬的对象展开较量。

正如辛菲尔德指出,文化唯物主义者倾向于关注文学,因为文学虽然只是众多文化生产形式之一,但它具有不容小觑的权威和声望。他们对莎士比亚特别感兴趣,因为他是"一个强力的文化象征。他已经是意义的来源,因此人们希望让他站在自己一边"(Sinfield 1994a:4)。他们对莎士比亚的解读集中于他作为英国文化中的一个人物、作为商业剥削和文化权威的来源,以及在英文学科中作为"保证'文学'范畴的终极稳定性和正当性的基石"的核心地位(Sinfield 1985:135)。这一概念显然延伸到学校、学院以及大学,例如在英国,所有中学生都必须学习莎士比亚,而且他还是高级(16-18)英文课程的必修内容。文化唯物主义的解读可能会考察莎士比亚在大多数人的学校教育中所扮演的关键角色是如何在社会和文化差异的再生产中发挥作用的,这不利于那些出身较为贫寒的群体,他们不"熟悉"莎士比亚或不理解其作品理应传递的"普遍"真理。它还可能探讨将莎士比亚建构为"其戏剧体现了普遍真理的伟大民族诗人"(Sinfield 1985：135)的做法使莎士比亚服务于强调维持现状之重要性的保守政治意义,从而削弱了莎士比亚戏剧在处理性别、种族、阶级和性取向等问题上的激进潜能。

作为他对跨学科的持续批判的一部分,斯坦利·费什抨击了文化唯物主义,尤其是辛菲尔德的著作。费什在《职业正确》(*Professional Correctness*)一书中声称,他与其说是反对跨学科工作本身,不如说是反对整个"跨学科"方案,即一项作为挑战人们所察觉到的学术生活之狭隘性的一种方式而由左派知识分子以宗教般的狂热从事的事业。费什特意将这一方案与一种他称之为"新历史主义的"(一个还包含文化唯物主义方法的总括性术语)历史化和政治化批评联系起来,该批评旨在将文学研究转变为一种处理种族主义、父权制、恐同症和帝国主义等问题的方式(Fish 1995：1)。对费什来说,这是一个范畴错误:文学研究不能处理像这样超出其参照系的问题,因为一旦这样做,它将不再是文学研究。

费什认为,当前流行的历史化和政治化批评是由对总体性知识无法满足的渴望所驱动的。这种知识将联合各门学科,打破它们的专业圈子,并与更广阔的社会和政治世界建立联系。但是出于特定的历史原因,每门学科都是独立发展的并构成了知识本身,因此不可能将它们整合入一个统一的领域。

> 各种不同的学科并非为了一个共同目的和乌托邦任务的合作者,而是各自致力于完成特定任务;如果这些学科形式被以某种宏大综合体(无论是包含所有学科的学科,还是囊括所有次要和部分真理的真理)的名义取消,那么这些任务也将从地球上消失。(Fish 1995:73)

总体性知识不可能存在,这意味着跨学科研究并不比其他形式的研究更具包容性;它仅仅是以一种任务替代另一种。费什以一家汽车协会制作的地图做了一个类比,该地图显示了城市之间的距离,故而"城市本身成为相继的节点和交会点,而所有的注意力都集中在了它们之间发生的事情上"。与之类似,寻求跨学科联系的批评方法最终聚焦于联系本身,而非任何特定于单门学科的内容,这仅仅是因为任何对知识进行组织的尝试都必然是不完整的。而一张跨学科地图在做好本职工作时,"必然无法顾及其他;在公正处理学科之间的关系时,它忽视了学科内在的可理解性(intelligibility)"(80)。

费什认为,试图将文学研究与激进的政治规划联系起来的跨学科方法和将文学研究视为文化遗产卫士的利维斯式的传统观念之间的共同点远比他们愿意承认的更多。在这两种情况中,他发现"学者,尤其是人文学科的学者,都有一种熟悉的渴望,那就是成为他或她所不是的样子"。文学研究中这种持续的反职业主义倾向是由这一信念支撑的："如果我们给出了正确的解释——能够充分响应社会的更大需求的解释，社会将会听从我们，而我们的父母最终将理解我们为何做出了这种看似不切实际的职业选择。"(140)费什的回答是，从一门学科内部改变世界并非那么容易，因为学科本质上是自我封闭和自我复制的。因此，他提倡一种接受文学研究的学科性，甚至将其视为文学研究走向职业化的一种必然结果的"职业正确"。

费什的论点可以通过两种方式加以反驳。首先，一门学科并不是一个像他设想的那般连贯的实体：他假设存在一种公认的被称为"文学研究"的现象，它具有某些该学科中每位成员都遵循并认可的程序和原则，直到他们决定开展跨学科研究。正如我到目前为止在本书中试图表明的，文学研究很少具有这样的内在一致性或同质性。跨学科不是近几年来从外部接管人文学科的最新发展；它深植于学科本身的复杂性质和历史，特别是诸如文学研究的多元领域。其次，费什将跨学科定义为追求知识的终极综合，这似乎过于简单化。尽管文化唯物主义和新历史主义方法可能认为文化文本比文学文本更具包容性，但这未必意味着它们是受到一种综合化冲动的启发。事实上，它们从根本上关注知识和权力之间的关系，这意味着知识的不确定性更有可能通过去自然化学科划分、挑战知识正统以及提出传统学科中未能解决的问题而产生。

第五章　科学、空间与自然

第五章　科学、空间与自然

到目前为止，我在本书中探讨的许多跨学科形式都试图质疑使人文科学服从于被狭义界定的自然科学兴趣的传统等级制度。人文科学和自然科学之间长期存在的划分仍是开展跨学科研究的一大障碍，但我们依然能够对它发起挑战。本章结合对空间、自然和物质世界的新认识，探讨近年来文学研究与自然科学之间——以及文学研究与地理学这门在根本上是处理自然世界和社会世界之间关系的社会科学之间——的一些联系，并进而讨论生态批评这一融合了文学与文化批评、地理和自然科学的领域，其基本前提是人类文化与自然密不可分。最后，本章将思考一些科学家为使用进化论以及神经科学领域的发展来解释文学与文化文本所做的努力。

C. P. 斯诺于1959年在剑桥大学发表的题为《两种文化与科学革命》("The Two Cultures and the Scientific Revolution")的演讲是最常被人们提起的一次质疑科学与人文之间分裂的尝试。它几乎立即得到出版，并在多个国家引发激烈辩论。斯诺哀叹科学和人文之间存在"互不理解的鸿沟"，认为英国的教育体系迫使学生过早地专业化，因而加剧了这种情况［Snow（1959）1993：4］。正如我在第一章中指出的，F. R. 利维斯最直言不讳地批评了斯诺的论文，这或许是因为后者对他视为人文学科主导力量的"文学知识分子"（literary intellectuals）怀有几乎毫不掩饰的敌意。然而，尽管斯诺指责这些文学知识分子是"天生的勒德派分子(Luddite)[1]"和"反社会情绪的极其愚蠢的表现"(22,8),但他也对许多科学职业的孤立性和狭隘性深表怀疑。显而易见,他的主要目的是表明两个领域由于对彼此一无所知而陷入穷困,因此"在我们的社会……我们甚至已丧失了普通文化的伪装。凡是受过我们已知的最强化教育的人,再也不可能在各自关心的智力层面上彼此交流了"(60)。

事实上,斯诺对专业化的担忧与利维斯十分相似,因为他承认这个问题"没有彻底的解决方案",而且"在我们这个时代条件之下……不可能再有文艺复兴式的人物了"。(61)与利维斯一样,他认为改善这种状况的最佳机会是教育,特别是跨学科研究。然而与利维斯不同的是,他没有提出将任何一门学科作为其他所有学科的交汇点,这表明需要跨越科学与人文的分界来建立有效的联系:

> 两类主题、两门学科、两种文化——就现有状况来说也是两个星系——的冲突点,理当提供创造的机会。正是在精神活动的历史中出现了某些突破。现在也有这种机会。但是仿佛存在于虚无之中,因为属于这两种文化的人无法相互交谈。[Snow(1959)1993:16]

斯诺的演讲概述了科学与人文之间分歧的基本性质,至今仍备受

---

[1] 勒德派分子通常指19世纪英国工业革命时期因为机器代替了人力而失业的技术工人,他们对工业进步怀有抵触,希望社会回到工业革命之前的手工业时代。

关注。科学界人士仍倾向于批评人文学者忽视经验方法、依赖主观解释；而人文学科工作者则反过来抨击科学家们误信绝对客观性的可能性，秉持狭隘的实用知识观念，以及不愿质询他们所从事工作更广泛的社会、政治和文化影响。其中许多分歧不仅可以追溯到科学与人文不同的范围和主题，还可以追溯到它们关于实际上应该如何积累知识的矛盾假设。在本章开篇，我想先将这种划分的起源追溯至那种认为自然科学更能接近真理的信念，它根植于经验方法，是支持学科分离的有力论据。接着，我想从自然科学内部本身来审视这一未经质疑的经验主义近来所面临的挑战，这为与非科学学科建立更有效的联系铺平了道路。

对经验主义的挑战

人文科学与自然科学之间的传统区别在于 17 世纪早期由知识哲学家（philosophers of knowledge）首次加以肯定的经验证据的重要性，这一点直到最近才受到严重挑战。弗朗西斯·培根常被认为是传统科学发现模式的构想者，他认为该模式是在彻底的怀疑主义和武断而教条的信仰之间取中间道路的一种方式。培根抨击了古典学问的正统性，并认为应该抛开根深蒂固的先入之见，去研究人类和自然本身。为此，在《科学新工具》(*Novum Organum Scientiarum*, 1620)中，他提出了一种归纳推理模式：从具体案例推出普遍性结论，普遍性程度不断提高。在实践中，这意味着从自然界中仔细收集实例信息，并从这些信息中推出共同属性。在《方法论》(Discourse on Method, 1637)及其他著作中,勒内·笛卡尔通过提出和完善演绎过程进一步巩固了科学方法:从前提合乎逻辑地推出结论。笛卡尔方法有时被称为"笛卡尔怀疑论",它涉及消除所有不合逻辑的假设,直到留下不容置疑的唯一可能结论。笛卡尔方法的另一个基本组成部分是还原论:将包括人体在内的自然分解为其组成部分并分别加以考虑,即一种将世界看作一台运转良好的机器的机械世界观。这种还原论在一定程度上解释了16和17世纪的科学革命中学科激增的现象,因为不同的学科被赋予了对自然的不同方面进行探索的责任。

即使不是训练有素的科学家,大多数人也会熟悉从培根归纳主义和笛卡尔还原论,以及撰写学校实验室实验报告中传承下来的科学方法。该方法基于经验观察,以发现基本的因果规律,如"石蕊试纸在碱性液体中会变蓝"。正如我在导论中所说,在19世纪,许多非科学学科沿着这种科学模式发展,但这种强烈的观念依然存在,即科学能够优先获取真理:它被视为不证自明的、关于普遍规律的累积性知识,而这些规律不同于人文学科,它们独立于阐释或信仰而存在。传统意义上,科学的自信源于它进行自我限制,拒绝涉及那些有理由怀疑的形而上学或主观研究,以及将自身局限于生物或机械世界中可"客观"和"中立"地加以认识的内容。正如让-弗朗索瓦·利奥塔所指出,划分自然科学和人文科学的主要理据之一是,自然被视为"一个冷酷却不狡诈的对手",因此在自然科学中,"'自然'是一个指涉物——沉默却可感知,就像骰子被抛掷许多次那样";而在人文科学中,"指涉物(即人)是一个参与竞争的角色,人文科学中所研究的人,能够言说并制定策略……

去对抗那些科学家所使用的战略"。(Lyotard 1984：57)

直到卡尔·波普尔(Karl Popper)在《科学发现的逻辑》(*The Logic of Scientific Discovery*，1934)一书中提出他的"可证伪性"(falsifiability)概念，这一模式才在自然科学中受到严重挑战。对波普尔来说，科学发现不是通过细致的归纳和演绎，而是通过创造性地生成可证伪的假说来进行。任何科学理论都不可能被从经验观察中得出的推论完全证实：在未来的某一天，总是有可能发现规则之外的特例。我们无法断言"所有的天鹅都是白色的"，因为尽管我们可能已经见到过一百万只白天鹅，但我们看到的下一只天鹅也可能是黑色的；事实上，值得强调的是，近来在澳大利亚的确发现了黑天鹅。因此，波普尔的著作表明，科学知识的进步是通过反复试验，而不是按部就班地追求"事实"：

> 因此，客观科学的经验基础没有任何"绝对的"东西。科学不是建立在坚固的基岩上。可以说，科学理论的大胆结构耸立在沼泽之上。它就像竖立在木桩上的建筑物。木桩从上面被打进沼泽中，但是没有到达任何自然的或"既定的"基底；假如我们停下来不再把木桩打得更深一些，这不是因为我们已经达到了坚固的基础。我们只是在认为木桩至少暂时坚固得足以支持这个结构的时候停下来。[1]［Popper(1959)1972：111］

---

[1] 译文参见中译本《科学发现的逻辑》(查汝强等译，中国美术学院出版社2008年版)，第82—83页。

与此同时,波普尔并未完全抛开科学而陷入相对主义,因为他认为,如果理论是可证明为误的,那么它们可以暂时被接受,直至被证伪。这使他得以将某些学问领域描述为"伪科学",不是因为它们无法自称为绝对真理,而是因为它们的理论是不可证伪的。波普尔心目中的两大"伪科学"是精神分析学和马克思主义,因为它们依赖于关于潜意识或共产主义革命之历史必然性的难免带有猜想性的理论。尽管他没有直接论及文学研究,但后者显然是他定义中的伪科学,因为它本质上依赖于文本阐释而非可证伪证据的累积。尽管他质疑传统的科学方法,波普尔仍然相信客观知识的可能性,认为其存在于与人文科学或社会科学相对的自然科学之中,并将其定义为"没有认识者的知识……没有认识主体的知识"(Popper 1973:109)。

托马斯·库恩(Thomas Kuhn)在《科学革命的结构》(*The Structure of Scientific Revolutions*,1962)一书中对自然科学自信满满的经验主义发起了更为彻底的挑战,这在各学科中最为著名并且被引用次数最多。库恩认为,科学知识不是凭空产生的,而是在特定的"范式"(paradigms)中发生的。库恩的"范式"概念可被视为福柯"认识型"的一个更为狭义的和制度性导向的版本,因为只有某些类型的知识生产才可能在其中发生。在特定范式中进行的"常规科学"(normal science)中,对主流思维方式构成挑战的不利发现往往遭到忽视或贬低。因此,科学革命依赖于"范式转变"(paradigm shifts),即一种范式被另一种范式所取代,例如,从将地球视为宇宙中心的托勒密范式转变为将地球定位为围绕太阳运行的众多行星之一的哥白尼范式。

库恩的科学建构主义可以用两种相互矛盾的方式来解释。

一方面，它可以被视为一种激进意识，即科学是体制政治和文化背景的产物，其中"没有比相关群体的同意更高的标准"。在这一构想中，产生于不同范式的理论，如牛顿和爱因斯坦物理学，是完全不可通约的，因为它们各自都忙于肯定自身范式的真值而"不能从逻辑上甚至从概率上迫使那些拒绝这种说明的人进入这个集团"(Kuhn 1970：94)。另一方面，更为温和的解读是，库恩的理论承认范式是科学发展的一个必要条件。与波普尔颇为相似，他区分了范式科学、不受单一范式支配的"前范式"(preparadigmatic)科学以及因不具有任何范式而在方法和程序这两个最基本的问题上缺乏一致性的非科学(viii)。当20世纪60年代他的论文首次公开时，许多文学批评家最初都在这方面受到了其著作的影响，认为他们所在的学科需要形成一个明确的范式，以便将自身视为一门名副其实的学科(Sosnoski 1995：36)。

保罗·法伊尔阿本德(Paul Feyerabend)曾在伦敦经济学院师从波普尔，他进一步发展了库恩的思想。法伊尔阿本德提出了一种几乎完全是相对主义的"认识论无政府主义"(epistemological anarchism)，它挑战了后启蒙运动拒斥魔法、宗教和神话，转而支持体面科学的做法。他认为，科学正统传播了有利于社会和政治现状的关于自然世界和物质世界的观点，掩盖了其起源于"审美判断、兴趣判断、形而上学偏见、宗教欲望"的事实(Feyerabend 1975：285)。科学是现代宗教，和伏都教[1]或巫术一样都不具有

---

[1] 伏都教，又译"巫毒教"，由拉丁文 Voodoo 音译而来。源于非洲西部，盛行于西印度群岛及加勒比海地区，是糅合祖先崇拜、万物有灵论、通灵术的原始宗教。

终极权威。但是,尽管大多数现代宪法都规定了信奉宗教、成为不可知论者或无神论者的自由,但反对科学知识的自由并不存在,因为它是作为一种普遍真理在中小学、大学以及其他地方被教授和传播。因此,法伊尔阿本德认为,我们必须"把社会从一种意识形态上僵化的科学的桎梏中解放出来,正如先辈把我们从一真教的桎梏中解放出来一样!"科学应该在学校里被教授,但只能与其他"童话"——比如同样试图解释自然和物质世界的所谓"原始"社会的神话(307–308)——一起作为一种历史现象来被教授。

法伊尔阿本德的观点可以说并未得到科学家们的普遍接受。但是,他的著作以及库恩和其他科学建构主义者的著作广为流传并引发广泛讨论,这一事实则表明科学家们已经从单纯相信经验主义取得了长足进步。科学如今越来越不被视为一种基于对纯粹知识的追求而中立地描述现象的方式,而被视为一种受到在其中表述、探讨和"解决"科学问题的背景所影响的理解世界的方式。这种对科学解释性的认可使得质疑科学与人文之间的划分成为可能,因为该划分在一定程度上基于对客观"事实"与主观"解释"之间的区分进行维护。

作为文化的科学

同样值得注意的是,在当代科学的许多领域中,自然现象被视为受制于不确定性和流动性,并非总能通过实验被轻易确定。

仅举这种新科学中的几个例子：相对论关注的是物体以通常无法测量的高速运动时的表现，它认为我们倾向于视作一成不变的外部世界领域，比如时间，实际上是相对的；量子理论认为亚原子粒子的行为不遵循经典定律，而这种不确定性限制了测量的准确性；"混沌理论"认为，受制于决定论法则故而应为可预测的复杂体系实际上是混乱无序的，因为它们对初始条件的敏感性产生出多重变量［是故，举个例子，米尔顿·凯恩斯(Milton Keynes)的一只蝴蝶拍动翅膀，就可能在瓜德罗普岛掀起一场飓风］；分形几何学旨在显示如雪花、树木和海岸线等复杂物体具有不可估量的无限分形维数；而数学领域的发展，如哥德尔定理(Gödel's theorem)和模糊逻辑(fuzzy logic)，认为某些数学公式既无法被证明也无法被推翻，因而我们必须处理一系列可能的命题。科学并未放弃对决定论法则或总体性知识的探寻：事实上，随着计算机技术的日益成熟，在上述领域工作的许多科学家仍然提出发现"深层秩序"(deep order)，即甚至能控制复杂体系的强力规则的可能性。例如，物理学家仍倾向于相信可能存在一种"万物理论"(theory of everything)，或者至少相信存在一种终将解释宇宙起源及其基本构成粒子的理论。借用斯蒂芬·霍金的名言来说，这样一种理论将使我们得以"了解上帝的思想"(Hawking 1988：193)。然而，当代科学家并非总是赞同这种仅处理具体、可观察的证据的培根式理念，这一点仍是正确的；他们更倾向于使用直觉、阐释、猜测、"思想实验"(thought experiments)以及经验观察。

这些科学发展中有不少已经被文学和文化批评家所采纳(这有时令更为传统的经验主义科学家大为懊恼)，用以发展跨学科研究方法。对于这些批评家来说,新的科学形式不仅改变了我们理解自然和物质世界的方式,而且在一个由不确定性、开放性和碎片化所支配的"后现代"文化中,构成了对现实本身性质的更广泛哲学追问的一部分。利奥塔在其对"后现代状况"的分析中认为,这些科学形式导致了对当代文化中可知和可信之物的普遍怀疑:

> 后现代科学本身发展为如下的理论化表达:不连续性、突变性、非修正性(nonrectifiable)以及佯谬。后现代科学对以下事物关切倍至:模棱两可的、测不准的、因资讯匮乏所导致的冲突对抗、支离破碎的、灾变的、语用学的悖论等。后现代科学将知识的本质改变了,同时也解释了这种改变的原因。后现代科学所生产的是未知而非已知。[1] (Lyotard 1984: 60)

法国哲学家让·鲍德里亚大胆地在后现代文化批评和新科学之间建立起联系。例如,在《终结的幻觉》(*The Illusion of the End*)一书中,他在不同科学领域和后现代的"历史的消亡"(vanishing of history)感之间建立起一系列暗示性联系,即在一个由瞬时性和短暂性所驱动的世界中,任何关于历史过程的叙事都在衰亡。他以"一个物体脱离恒星或行星的引力场所需的逃逸速度"

---

[1] 译文参见中译本《后现代状况:关于知识的报告》(岛子译,湖南美术出版社 1996 年版),第 172 页。

作比,认为"现代性、技术、事件、媒体,以及经济、政治和性等所有方面的交流加速推动着我们达到'逃逸速度'(escape velocity),其结果是,我们已经飞离了现实和历史的参照域"。(Baudrillard 1994:1)就像宇宙那样,历史将"在无限稠密的物质附近止步不前并像光线和时间一样熄亡"(4)。与其说历史已经终结,不如说它朝自身回转:

> 一旦岁月的繁华逝去,进化曲线越过顶点,历史上的盛期不再,事件便开始走下坡路,而事物开始逆向发展。像宇宙空间那样,历史时空似乎也发生了扭曲。
> (Baudrillard 1994:10)

鲍德里亚从理论物理学的各个领域引入了许多不同的概念,如引力场、逃逸速度、临界质量和时空,以传达当代文化中一般意义上的流动性和不确定性。

科学家们对自己的学科被人如此挪用深感不满,并对此发起反击。近来最臭名昭著的例子就是备受瞩目的"索卡尔事件"(Sokal affair)。1996年夏,物理学教授艾伦·索卡尔(Alan Sokal)在一本美国文化研究杂志上发表了一篇文章,声称科学没有获得真理的特殊权利,而是主流意识形态的产物(Sokal 1996a)。在其发表后不久,索卡尔透露道:这篇文章是一个骗局,里面充满了将出自一流科学哲学家的引文剪切拼粘而成的胡言乱语。他现在抨击他们破坏了"这一规范性观念,即科学探究是对关于世界的真理或近似真理的探索"(Sokal and Bricmont

1998：5)。他声称，随时欢迎任何相信物理定律可以商榷的人从他21楼的公寓窗户跳出去，以便检验它们究竟是不是有待阐释的文化建构(Sokal 1996b：62)。

在一本为回应后续争议而写的书中，索卡尔和他的合著者让·布里克蒙特(Jean Bricmont)进一步扩大了抨击对象，批评后现代文化理论对科学理论和概念的使用。他们认为，利奥塔和鲍德里亚等法国思想家，以及雅克·拉康、茱莉亚·克里斯蒂娃、露丝·伊利格瑞和吉尔·德勒兹等其他思想家，都挪用了数学和物理领域的思想，却没有真正理解这些借以自抬身价的概念和理论家，以及不同专业之间存在的巨大概念差异(Sokal and Bricmont 1998：178)。他们声称并不反对自然科学和人文科学之间进行更多互动，但希望为这种对话确立"先决条件"，其中之一是必须认识到"自然科学并非仅是可供人文科学随时取用的隐喻库"。(174，177)问题似乎在于这些后现代批评家是如何运用科学思想的。利奥塔以新科学为基础，对当代文化中知识的临时性进行了一系列反思；鲍德里亚似乎更直接地利用了科学概念本身的知识权威，通过类比将它们与文化理论中的其他概念联系起来。这些深奥的、技术性很高的科学思想在整个文化中并不广为人知，至于它们如何形成更广泛的后现代意义上的不确定性和不可判定性，这一点并不十分清楚。

一个更具生产性的跨学科空间可以通过审视科学思想如何超越专业研究领域并成为文化的一部分来建构：它们如何被社会的主流哲学、先入之见和表征所影响，以及它们在广泛传播时如何与"非科学"互动。斯诺在"两种文化"讲座的后续文章中指出，生物学可能为开展自然与人文相结合的跨学科工作提供最佳模式,因为它无须数学培训就可以被理解,并且通过提出关于生命起源、我们与其他物种的关系以及自我本质的重大问题,从根本上影响人们思考自身的方式[Snow(1959)1993:73-74]。达尔文的自然选择理论表明,物种的进化发展是通过最具生存和繁殖能力的物种的适应行为来实现的,这是一个表明科学发展并非严格局限于学科内部,而是受外部因素制约的典型例子。例如,达尔文在《物种起源》(1859)中对该理论的最初表述未曾直接提及人类及其与其他物种的关系,这可能是出于对它含蓄地挑战的维多利亚宗教正统的尊重。正如吉莉安·比尔(Gillian Beer)等人指出,这本书还回避了能动性的问题:虽然达尔文无意争辩说自然选择是由某种终极目的或仁慈的创造者所驱动,但这一短语本身仍未排除"主动选择者"(active selector)的可能性,而且这本书在谈到自然时,频繁使用"选择"和"偏好"等词语(Beer 1996a:xxiv)。这不仅仅是达尔文本人受到维多利亚社会影响的一个例子;科学难免与其他类型的话语联系在一起,因为它使用语言这种从来不是纯粹的现实媒介,而是一种包含隐喻、叙事模式以及社会文化的曲折变化的人类建构。尽管达尔文实际上是想通过强调机会和偶然性的作用,在讲述物种起源时不将人类作为核心内容,但他用来阐述其理论的语言隐含着意图、能动性和设计。

19世纪中叶,当达尔文正忙于创作时,科学家与更广泛的非科学文化之间的联系也得到了普遍承认:科学家经常试图用非技术性语言给非专业同行做演讲,并依赖于该时期的"共享故事"(shared stories)以及文学、《圣经》和神学(Beer 1996b:8)。例如,

《物种起源》借鉴了莎士比亚、弥尔顿和自然神学,并尤其受到托马斯·马尔萨斯(Thomas Malthus)《人口原理》(*Essay on the Principle of Population*)(其第六版/终版于 1826 年问世)的影响。书中描绘了一幅末日图景:一个由饥荒、疾病和对有限资源的争夺所驱动的人口过剩的世界,它建议下层和"劣等"阶级应当实行性节制。达尔文文本的开放性和互文性,以及它使用不同的比喻、叙事形式和各种各样的科学与非科学话语来建构论点的做法意义极为重大。进化在个人一生的时间跨度中是无法观察到的,因此它只能从化石记录和比较解剖学等不完全证据中推导出来,并非严格符合强调经验观察的培根式理念。通过超越一门科学通常的自我限制框架,达尔文可以在缺乏大量支持性证据的情况下阐述他的理论。

随着在研究型大学的专业化背景下学术科目的兴起,科学家的研究更有可能面向专业读者,并公开避免使用隐喻性语言。尽管近年来科普写作取得了巨大成功,但大多数科学仍是在学科范围内进行的,因而从事其他专业的科学家们往往无法理解,更不用说非专业人士了。然而,这并未阻止科学成为文化的一部分:正如理查德·罗蒂指出,专业化的科学是通过隐喻的字面本义化(literalization)来进行的。换言之,科学思想是作为隐喻而诞生的,但随着它们变得更加为人所接受和熟识,它们往往被视为对"真理"的字面本义表达,从而遮蔽了语言不可避免的隐喻性(Rorty 1989:28,37)。理查德·道金斯(Richard Dawkins)的新达尔文主义的"自私的基因"概念就是这种本义化隐喻的一个例子。自私的基因理论假设某些基因只与自我复制有关:生物体是作为这些基因的"生存机器"而存在的,这意味着它们的行为方式将使自身基因副本传递给后代的机会最大化(Dawkins 1976)。但"自私"一词暗含能动性甚至道德性:它表明基因正在积极地寻求一种特定的结果,尽管它们显然不是有意或故意为之。这一以人类为中心的隐喻被它的一些推广者所挪用,从而出现了基因乃至个人和社会均是生性"自私"的观点,而在 20 世纪 80 年代,倾向左派的道金斯却被错误地视为雄心勃勃的"雅皮士"(yuppie)文化和新右派保守经济政策的辩护者。因此,道金斯的理论提供了另一个可以说明语言不可避免的比喻性是如何以学科之外的关切来影响看似独立自足的科学学科的例子。

达尔文的观点还指出了科学不能永远被局限于纯粹科学话语的方式。例如,自然选择理论在整个文化中迅速得到广泛传播,成为一系列相互关联的叙事的一部分。尽管达尔文试图避免论及人类,但其理论的常见形式明确地将人类与其他物种在进化尺度上联系起来。这一点在 19 世纪末的"社会达尔文主义"现象中尤为明显。该现象是一种生物学和社会思想的融合,其中根据英国科学家和哲学家赫伯特·斯宾塞(Herbert Spencer)所说的"适者生存",来自不同阶层的全部人口都被视为通过自然选择的过程进化而来。这些思想被广泛用于为殖民统治"野蛮"民族、优生学运动、反移民政策、种族隔离、自由放任经济以及其他让穷人和"不适"者自谋生路的计划辩护。达尔文的理论还影响了这一时期的许多文学和文化文本。猴子和人类之间存在"缺失的一环"(missing link)的观点虽然是对达尔文自身理论立场的嘲弄,却在新闻、小说以及其他媒体中迅速流行起来,并常被妖魔化为某种食人魔或种族"他者"(Beer 1996b：118)。更重要的是，比尔认为进化论在叙事层面上影响了 19 世纪的小说，使它们对隐藏规律、相互关系和过程产生了达尔文式的关注，同时对偶然事件和多重可能性产生了新的兴趣(Beer 1983：149ff)。因此，将科学包含于一门学科或一个专业群体之内的努力永远不可能完成，因为"词语被排除或者遗弃的意义"可以"被带出表面，由协议或专业'契约'之外的人，以及新的历史序列为之介入的未来读者所使用"。(Beer 1996b：156)

技术领域为科学打破这一专业"契约"提供了最明显的方式，因为科学发现正是在该领域被转化为文化产品。唐娜·哈拉维(Donna Haraway)曾是一位训练有素的生物学家，后转入文化研究和科学史领域。她的著作从根本上关注这种"技术文化"(technoculture)。哈拉维的"赛博格"(cyborg)概念是"控制论有机体"(cybernetic organism)的缩写，指的是人与机器的结合，她认为，在当代文化中，"我们都是怪物奇美拉，是理论化和编造的机器有机体的混合物；简单地说，我们就是赛博格"(Haraway 1991：150)。不难想出这种技术与人类融合的例子：医学和微技术领域的发展产生了人造髋关节和四肢，以及聋人和盲人的耳部和眼部植入物；整容手术可以改变一个人的外表；变性手术会产生变性人。更通俗地讲，我们可以说每当我们戴着隐形眼镜、坐在电脑屏幕前、看电视、听随身听或穿着旨在提高运动成绩的运动鞋时，我们就是"赛博格"。

然而哈拉维的重点是，赛博格既是"一种社会现实的生物，也是一种科幻小说的人物……是想象力和物质现实浓缩的形象"

(149-150)。技术既是物质对象,又是叙事手段,它既与想象和再现特定的社会图景相关,又与为实际问题提供具体解决方案有关。例如,从玛丽·雪莱(Mary Shelley)的《弗兰肯斯坦》(*Frankenstein*, 1818)开始,赛博格就出现在通俗小说中。事实上,雪莱的文本常被视为科幻小说的开创之作,它与该体裁一样,显然适合跨学科解读,因为它在使用叙事和隐喻来想象科学未来的可能性和危险性的同时,还借鉴了科学研究。她在描述弗兰肯斯坦创造怪物的过程时,是基于解剖和活体解剖的发展、汉弗莱·戴维爵士(Sir Humphrey Davy)在电化学方面的创新以及路易吉·伽伐尼(Luigi Galvani)详述动物尸体在电流通过时的抽搐运动的实验。因此,这部小说促成了一种新近观点,它信心十足地认为科学家们"获得了新的力量,几乎无所不能;他们可以驾驭空中闪电,模拟地震,甚至以幽灵世界的幻影幽灵嘲笑了幽灵世界"[Shelley(1818)1994:30-31]。但在其关于一位"疯狂科学家"逃避创造生命的责任和后果的故事中,该文本也强调了对科学操控人类与自然的力量的长期担忧。人们在通俗表征中发现的对于不加约束的科学的想象往往令人感到毛骨悚然,例如最近媒体关于人类克隆或转基因("弗兰肯斯坦")食品的争论,不断证明这种科技与想象的融合,并同时谈及了对遗传学的生命控制力量的真正担忧。

哈拉维的大部分工作都旨在戳破科学所声称的中立性和客观性,将其重新定位为一种使用隐喻再生产特定权力关系的"情境知识"(situated knowledge)(Haraway 1997:3)。但她不是技术恐惧者:她认为,赛博格可被定位为父权制、科学和资本主义的

"私生子"(Haraway 1991：154)，因为它有效地颠覆了传统的阶级和性别立场，迫使我们重新思考整个身份概念，从而产生出"一种拆分和重组，是后现代的集体自我和个人自我"。这种雌雄同体的赛博格威胁着自亚里士多德以来统治西方思想的"等级二元论"(hierarchical dualisms)：心灵与身体、动物与人类、公共与私人、自然与文化、男人与女人(163)。对哈拉维来说，赛博格是技术，因为它与文化相互作用并呈现出一种独立于"纯"科学的存在形态，颠覆了我们的一些传统思维方式，特别是科学与人文之间的分裂。技术文化领域，就像达尔文的物种分化研究一样，证明了科学必然是跨学科的，因为尽管它可能声称自己被局限于一门学科的限制性框架内，却始终是其他叙事和知识的一部分。

作为文本的地理

近年来，地理学领域的基本假设同样受到了来自其他学科的干预和挑战。该现象主要由对跨学科空间概念的兴趣所推动，这些概念认为空间不是一个中立范畴，而是一种在文化中以各种方式产生、存在和再现之物。这种新形式的文化地理学阻止了任何将该学科视为"一门等待中的学科，其形成与其说是由知识探究的内部逻辑决定，不如说是由一种'外部'现实的需求决定"(Gregory 1994：8)的倾向。换言之，由于空间从来都不是中立的，它并非耐心地等待着被地理学家发现：它由一系列不同的因素和实践产生，并且需要其他学科的观点来理解和探讨它。

美国学者卡尔·O.苏尔(Carl O. Sauer)被认为在《自然中的人》(Man in Nature, 1939)和《土地与生命》(Land and Life, 1963)等著作中开创了新的文化地理学。这些著作试图通过在地理学与人类学、社会学、考古学和历史学等其他学科之间建立联系,来表明景观不是自然的,而是由文化产生的。亨利·列斐伏尔、爱德华·苏贾(Edward Soja)和大卫·哈维(David Harvey)等批评家的最新作品经常关注空间本身,以及"空间是以何种方式被人用来掩盖各种结果,使我们对此无法了解的;权力和行为准则的诸种关系是以何种方式被深深地印入社会生活明显的纯真空间性的"(Soja 1989: 6)。例如,列斐伏尔专门论述了笛卡尔逻辑中空间的"严格几何学意义"的起源,它将空间想象为一个"空的领域",一个"绝对的无限广延物[res extensa (extended thing)],一种可以用直观把握的神圣的属性"。(Lefebvre 1991b: 1, 14)他建议关注"社会实践的空间以及感官现象的空间,包括诸如设计与方案、符号与乌托邦等抽象的产物"(11-12)。

这种新的空间概念很有应用价值,比如可以被有效地应用于理解城市。城市显然是物质实体,是一些传统的地理学关切(如劳动力、土地和资本)的产物,但它们同样被文本化了。从某种意义上说,人们只能以文本形式理解城市,因为它太过错综复杂,而无法被概括进它的物质总体性中:我们只能选择性地对它进行解读。马歇尔·伯曼(Marshall Berman)聚焦于19世纪末至20世纪初的城市,将其视为相互矛盾的现代性图景的直观显现。例如,纽约的许多纪念碑和摩天大楼都是专门设计来象征城市生活的现代性的,创造出一种"波德莱尔式的象征森林"。这些象征彼此争夺统治地位,"无穷无尽地彼此争夺太阳和光线,正在竭力杀死对方,正在相互融化,一起烟消云散"(Berman 1983：289)。这或许解释了为什么今天世界上最高的一些建筑物都建在较为贫穷的城市里：它们旨在实现现代性,宣告这所城市具有未来感和前瞻性。城市中的这些文本结构也与权力关系密切相关,从而产生出一种决定了谁应该能够在特定空间工作、生活甚至进入其中的象征性地理学。正如莎伦·佐金(Sharon Zukin)所说："城市的外观和感觉反映了什么——还有谁——应该被看见,什么不该被看见。"(Zukin 1995：7)因此,城市的跨学科研究方法倾向于关注在城市本身的物质现实中社会空间的文本化,并将其与城市在其他类型文本——小说、诗歌、电影以及其他媒体——中的再现联系起来。

这些跨学科空间概念也可被有效地应用于研究殖民和后殖民话语。作为后殖民理论的奠基性文本之一,爱德华·萨义德(Edward Said)的《东方学》(Orientalism)探讨了种族他者性是如何基于地域本质主义的,即"存在这样一些地域空间,那里生活着土生土长的、本质上与我们'不同'的居民,可以根据与这一地域空间相契合的某种宗教、文化或种族本质对这些居民进行界定"[Said(1978)1995：322]。例如,东西方之间被人们察觉到的差异是一种"想象的地域"的产物,它"帮助大脑通过对与其相近的东西和与其远隔的东西之间的距离及差异的夸大处理加强对自身的认识"(55)。这种地域本质主义在"近东""中东"和"远东"等术语中显而易见,它们从纯粹以欧洲为中心的视角定义了不同地区之间的相对关系。

第五章 科学、空间与自然

在许多其他因素中,萨义德将关于东方并具有将其挪用为"他者"之效果的西方刻板印象和神话的发展与 19 世纪末地理学科的转型联系起来。正如印度前总督柯曾勋爵(Lord Curzon)在 1912 年告诉皇家地理研究会:地理学已经从一门"枯燥迂阔"的科学转变为"所有学科中最具国际性的……历史学的帮手"(215)。地理学上升到社会科学的更高层次与殖民计划直接相关,因为地形信息成为一种有价值的资源,它关乎财富、声望和权力的积累。地理学会本身在鼓励政治家和其他利益相关方进一步实施帝国征服方面发挥了重要作用;事实上,正如一位法国会员所说,"成立(这些学会)是为了破除我们对自己国家的盲目爱恋"(218)。因此,萨义德的后殖民批判在一定程度上旨在通过指出地理学自始至终的文化本质,即"空间通过一种诗学的过程获得了情感甚至理智,这样,本来是中性的或空白的空间就对我们产生了意义"(55),来颠覆它是一门"中立"科学的观念。

文化地理学的许多有趣工作都集中在绘制地图的过程中:它抽象化社会空间,以将其确立为一个普遍可测量的同质概念的方式。南美洲、非洲和澳洲等未知区域的早期地图通常是艺术和想象之作,而非科学产品,因为它们猜测性地描绘怪兽和俾格米人(pygmies)[1],以此来弥补地形知识的不足。然而从文艺复兴时期起,地图开始因其"客观性"而受到重视,因为准确性此时具有了

---

[1] 俾格米人是非洲最原始的民族,世代生活在热带雨林中。他们属南方古猿——赤道人种的一个特殊支系,也称"尼格利罗人",即"矮小黑人"之意。"俾格米"源于希腊语,是古希腊的长度度量单位,大约是从手肘到手指关节的长度。

政治和经济上的重要性。但这并未赋予地图中立性；地图必然是文本再现，因为不可能以简化形式再生产现实。在地图中，某些特征得到强调，但往往意味着其他特征被忽略，符号和解释性文本被包含在内，比例、方向和投影（在平面上表征球面的方法）由人为决定。例如，自16世纪以来被广泛使用的墨卡托投影世界地图扭曲了陆块的大小，使得欧洲和北美洲看起来比实际更大。最重要的是，17和18世纪流通地图数量的剧增与欧洲列强对世界其他地区的殖民直接相关。在殖民地"发现"土地的过程得到了地图绘制学的支持，成为一种以文本形式占有并重新命名空间的方式，将由政治和文化创造的边界和权力安排自然化。此外，正如比尔·阿希克洛夫特（Bill Ashcroft）、嘉雷斯·格里菲斯（Gareth Griffiths）和海伦·蒂芬（Helen Tiffin）所指出，殖民时期的地图上未知地区的空白空间开始意味着"一块字面意义上的无主之地[terra nullius(no-one's land)]，一个开放而诱人的（处女）空间，欧洲人的想象（可以）投射其中，欧洲（通常是男性）探险家（可以）深入其中"（Ashcroft et al. 1998：32）。

　　旅行写作是一种特殊的体裁，它可以从借鉴了文化地理学中的一些问题的跨学科批评中获益。它是一种固有的跨学科形式，因为它跨越各种体裁，并经常呈现为混合了小说、自传、历史、报告文学和自然史的不稳定形态。旅行写作的主要创作者还包括探索殖民或后殖民世界的欧洲或美国旅行者；正如玛丽·路易斯·普拉特（Mary Louise Pratt）所说，它集中参与了大都市"不断向自己呈现和再现其边缘及他者的强迫性需要"（Pratt 1992：6）。因此，旅行写作还涉及一种绘图，一种将在陌生之地的经历转变为叙事的想象的地理学。正如丹尼斯·波特（Dennis Porter）写道：

> 从一开始，旅行作家就或多或少在无意之中把确定从而修改自己所处的世界作为他们的目的；他们致力于一种由绘制全球地图、将其集中于某一点、生产解释性叙事并将固定身份分配给地区和居住在其中的种族的焦虑所驱使的文化制图学形式。（Porter 1991：20）

事实上，旅行写作作为一种体裁，与绘制世界地图的其他方式直接相关。尽管16和17世纪的旅行几乎全都是投机性和商业性的，但从18世纪开始，出现了生物学家、植物学家和地理学家等新型旅行者，他们最初接受政府或商业赞助，但后来形成了自己的独立势头。普拉特将这些旅行者所从事的各种活动称为"反征服"（anticonquest）的形式，她将其定义为一种看似无害的策略，欧洲人试图借以确保对殖民主体的霸权，从而支持了更明确的政治和经济帝国主义计划（Pratt 1992：28）。地理学家和博物学家的探险提供了一些最早的旅行写作范例，如达尔文的《"贝格尔号"航行日记》（*The Voyage of the Beagle*，1840），而且许多旅行叙事也借鉴了"反征服"的传统。换言之，尽管他们经常反对种族主义和帝国主义，但他们在浪漫化异国情调、原始主义和前现代"真实性"（authenticity）的过程中恢复了殖民主义假设。阿里·贝赫达德（Ali Behdad）认为，许多旅行作家都是"迟来的东方主义者"，他们试图"接受失去（他们）的欲求对象——东方的消失、它在欧洲殖民主义重压下的……消解",表现出一种"对行将消失的他者的异国情调的欲求……同时肯定并揭露了殖民霸权的意识形态差异和政治困境"。(Behad 1994：66，14)她还认为,异国情调是一种卸下帝国扩张的罪恶感,同时继续他者化殖民主体的方式,正如制图师和博物学家的活动看似与殖民事业无关,而实际上与之密切相关。通过阅读以这种方式"绘制"世界的地图和文学文本,我们可以发现地理学的兴趣始终是文化的和跨学科的,即使它有时试图通过将自身定义为一门科学学科来强调其中立性。

生态批评与科学

文化地理学和自然科学的一些新观点在生态批评领域中与人文学科相结合。从广义上讲,生态批评探索文学及其他文化形式同自然界之间的关系,通常将其与提高环境问题意识的任务结合起来。它具有双重议题：一方面,它处理通常属于地理学和生物学职责范围的"自然"现象,表明它们是文化和历史力量的产物,充满了意义和隐喻；另一方面,它考察了文化如何实现与自然的分离,在人类和非人类之间产生等级差异。正如乔纳森·贝特(Jonathan Bate)指出,这种等级制度被刻在关键词的意义上,例如,"文化"曾有一种农业倾向性,但从马修·阿诺德开始,就意味着有别于体力劳动的智力和精神工作；而"环境"一词出现于19世纪,被用来描述与人类分离的自然的外部层面,字面意思是"我

们周围的世界"。(Bate 2000：5，138)

作为生态批评的奠基性文本之一,雷蒙德·威廉斯的《乡村与城市》(The Country and the City)考察了传统上附加于这两个地理实体的文化意义:前者既代表"宁静、纯洁、纯真的美德",又代表"落后、愚昧且处处受到限制";后者则同时代表"智力、交流、知识"和"吵闹、俗气及野心"。事实上,正如威廉斯指出,城市和乡村都是极为多样且相互关联的,因为农业资本主义的发展所引发的工业革命改造了两者(Williams 1973：1-2)。因此,他批评诗人和文学学者不加批判地赞扬田园诗的传统,因为他们强调一个"涂了釉彩的世界"(enamelled world)的神话而忽略农业生活的严酷现实(18)。他举了菲利普·西德尼爵士(Sir Philip Sidney)的传奇散文《阿卡狄亚》(Acadia,1590)的例子,这本书被视为田园诗传统中的关键文本,但实际上是在一个通过圈占整座村庄并驱逐所有佃户而建成的公园里创作的(22)。因此,乡村的田园诗神话作为对现代文明的逃避是一个相对较新的虚构,它基于作为对工业化和城市化的回应而改写过去的愿望。威廉斯的著作还具有强烈的生态良知。尽管承认田园诗主义是一个神话,但他将其视为真实历史焦虑的产物,这种焦虑源自一个重视"利用和消费的模式,而不是接受和享受事物和人际关系的模式"(298)的世界。

在承认自然的救赎观念往往从文化中汲取力量的同时,生态批评还分析了文化对自然的占有。贝特将这种对自然的篡夺与启蒙科学的掠夺性计划联系起来,特别是培根的经验主义和笛卡尔二元论。在他的数部作品中,培根认为科学最终会使人们得以控制天气、改变季节模式以及提高作物产量:研究自然是为了最终控制它(Bate 2000:77)。根据阿多诺和霍克海默的说法,培根科学是基于"唤醒世界,祛除神话",即一种"人类心灵与事物本质的和谐一致……人类的理智战胜迷信,去支配已经失去魔力的自然"[Adorno and Horkheimer(1972)1997:3-4]的"父权制"概念。这种"父权制"掌控自然的例子之一是林奈(Linnaeus)的自然分类系统。该系统由卡尔·林奈于1735年在《自然系统》(*Systema Naturae*)中首次提出,并在18世纪末逐渐主导了自然研究。该系统通过一个将自然界清晰地组织为种、属、目、纲和界的拉丁化命名系统,将一种人造秩序强加于自然界。

在这种征服自然的活动中,另一个关键因素是笛卡尔在《沉思录》(*Meditations*,1642)中首次确立的身心二元论。他在书中坚持认为,"凡是清楚、分明地领会为不同实体性的东西,就像领会精神不同于物体那样,实际上都是分属于不同实体的,它们之间是实在有别的……人的肉体很容易死灭,但是精神……从它的本性来说是不灭的"(Descartes 1955:141)。在16和17世纪,笛卡尔和其他科学家、哲学家致力于将被视为像自然界的其他事物那样机械地运作的人体从独立自主的人类心灵中分离出来,这是在理解自然方面极为重要的发展。它为更彻底的人体解剖铺平了道路,也被用来为活体解剖辩护,因为动物被视为像人类那样没有思想或灵魂。这一划分在分离科学与人文方面同样重要。前者的任务是控制自然界中包括人体在内的中性"他者";而留给后者的则是思想和文化看似独立的人造产物。

生态批评挑战了物质与精神、自然与文化、自然科学(如生物学和地质学)与人文学科(如文学批评、文化研究和文化史)之间的这些划分。它试图做到这一点的方式之一是通过表明科学对自然的理解总是由文化产生的。哈拉维在她的灵长类动物学研究中探讨了这个问题,认为灵长类动物研究总是涉及一种"意义的交往",这是基于对"类人"(almost human)意味着什么这一问题(Haraway 1989：1-2)的质询。尽管灵长类动物学家通常认为他们正在接近"纯"自然,但他们对灵长类动物的理解不可避免地以人类为中心,尤其受到犹太-基督教对"有关'人'的原始故事""'人'的起源和本质""各种改造故事,人的本性的改造和重构"(9)等关切的影响。借鉴萨义德的著作,哈拉维还认为西方灵长类学是一种"猴类东方主义"(Simian Orientalism),它关注的是"从他者的原材料构建自我,在文化生产中占有自然,人类从动物的土壤中成熟"(11)。在她看来,科学理解自然的尝试往往是基于驯服并控制自然,以及保留主动的人类和被动的自然对象之间的传统区分。不过正如她提醒我们的那样,"自然是被历史地建构和组成的,而不是裸露在化石层或热带森林中被发现的"(Haraway 1991：106)。

生态批评试图弥合科学与人文之间的鸿沟的另一种方式是借鉴自然科学——尤其是生物学——的最新观点,来阅读文学和文化文本。其中一个例子是,生态批评家们使用了与爱德华·威尔逊和其他具有环保意识的生物学家的工作有关的"生物区"(bioregion)和"生物多样性"(biodiversity)概念。威尔逊认为,生物区是一个自我维持的区域,不能被限制在地方或国家政府确立的正常政治边界内,其中丰富多样的物种共存共生。生物多样性的确"维系着这个世界的稳定",因为一旦发生自然灾害,物种的多样性使平衡得以恢复,尽管这种平衡正日益受到人类干预的威胁(Wilson 1994：303,13)。生态批评强调生物多样性,这不可避免地涉及对文学经典的重新思考,因为文学经典历来建立在轻蔑地将生物区排除在外的文本之上。贝特给出了现代主义的例子：现代主义是一种与跨国垄断资本主义紧密相连的国际性的、流动性强的城市运动,就像19世纪的小说与民族国家和帝国主义联系在一起一样(Bate 1998a：63)。在这些框架内,那些与特定生物区相关的作者有时被否定为无足轻重、思想狭隘。贝特认为,生态批评可能需要挑战这一观念,即将传统的英国文学编年史视为按照地区展开文学调查而著成的一部关于伟大"民族"作家的经典(Bate 1998b：19)。

约翰·克莱尔(John Clare)是"生物区"作家之一,他在最近的生态批评中受到广泛关注,并被重新评定为一位唯有参考文化地理学和生态学才能理解其作品的诗人。18世纪末至19世纪初国会圈占开阔地和公有地的过程——这一过程伴随着首批全国地形测绘详图的制作,因为它必然的伴随性事件之一是对国家的广泛测绘——对于理解克莱尔的生活和工作至关重要。圈地法案借鉴了对资本主义社会空间的新认识,这至少可以追溯到约翰·洛克(John Locke)在《政府论》(*Two Treatises of Government*,1689)中提出的财产概念。对洛克来说,财产的整个概念都与圈地行为密切相关：当人们将未耕地变成圈占耕地时,他们有权获得其劳动成果,因为"上帝既将世界给予人类共有,亦给予他们以理性,让他们为了生活和便利的最大好处而加以利用"[Locke(1689)

1970：304]。当然，其结果是相比其他社会空间组织形式，企业化农业改良成为首选。作为北安普敦郡的一名农业劳动者，克莱尔深受圈地过程的影响。该过程剥夺了人们的生计，并通过砍树筑坝改变了自然界。他为此写了许多首诗：

> 圈地运动来袭，肆意践踏劳工权利
> 　　之坟墓，穷人沦为奴隶……
> 围栏交汇于所有者的田野草地
> 　　之狭界，大小仅如花园土地，
> 寸土之内，无人快意，
> 牧人与羊群遭受囚禁，惶恐失意。
> [《圈地》("Enclosure")，Clare 1965：114-115]

对克莱尔来说，圈地运动的创伤源于这样一个事实，即他是一位与地点完全联系在一起的生物区诗人，因此他将自己的教区描绘为他的"知识"，并将其以外的任何地方描绘成"在他知识之外"。(Barrell 1988：118)1832 年，克莱尔从赫普斯顿村迁往三英里外的北区后，他写道："夏天来了，像个陌生人/……太阳似乎迷了路/也不知它在哪个季度"，"自然她本人似在迁居"。[《飞逝》("The Flitting")与《衰败》("Decay")，Robinson and Powell 1984：251，256]他的诗歌还往往聚焦于细微之物，如鸟巢、树叶、嫩枝和鼹鼠等，而非许多浪漫主义诗歌所描绘的如画风景。克莱尔的作品中几乎没有浪漫主义抒情诗的同心主义（homocentrism），这种抒情诗使自然成为获得超验、内化体验的手段，从而将诗歌从自然中抽象出来；他认为自己完全是这种生物多样性的一部分。例如，他的诗作之一《斯瓦底泉的哀悼》("The Lament of Swordy Well")实际上是以"一片土地"的口吻写成的，它哀叹圈地所带来的痛苦：

> 吉卜赛人的营地并无可惧
> 我情愿任他憩居
> 直至邪恶的圈地运动来袭
> 我沦为教区之奴
>
> (Robinson and Powell 1984：147)

正如约翰·巴雷尔(John Barrell)指出，这可能是克莱尔的诗歌被批评家低估的原因之一：它不符合人们期望在田园诗中发现的"自然"和"人类"之间的传统区分，尤其是在后浪漫主义时期。他进一步指出，克莱尔的诗歌最初写成时是未加标点的，给人的感受是："一种描述了被动思维首次不自主运动的语言，它无法将自身与环境和偶然因素，以及自然和感官印象区分开来。"(Barrell 1988：130-131)因此，克莱尔的伦敦编辑替他的诗歌添加了标点，试图将其转变为一个由"划分、组织和反思自身经历的能力"所界定的感知主体(134)。因此，生态批评的跨学科性既是对文学研究的传统兴趣的质疑，又关乎形成对文学的新认识：它旨在表明文学研究将自身构成一门学科的最重要的方式之一是将自然领域，或更准确地说是非人类领域排除在外。

万物理论

将人文科学和自然科学相结合的生态批评和在过去几十年里影响力与日俱增的新达尔文主义之间有相似之处。这一点从爱德华·威尔逊的《论人的天性》(*On Human Nature*, 1978)和理查德·道金斯的《自私的基因》(*The Selfish Gene*, 1976)以及《盲眼钟表匠》(*The Blind Watchmaker*, 1985)等著作的畅销中可见一斑,他们都将基因视为进化发展的基本单位。然而不同于生态批评家,威尔逊和道金斯等科学家仍然相信终极解释的可能性,一种将不同知识领域联合起来的"万物理论"。对于哈姆雷特的告诫——"天上和地下有很多的东西,贺拉斯,其丰富多彩,远超过我们的哲学梦想"——道金斯作为一名科学家的回答是:"是的,但是我们正在研究它们。"(Dawkins 1999:xiii)特别是,这些作者的跨学科方案是建立在这样一种信念之上的,即人类包括文学在内的所有文化产品都是基于生物学和遗传学。

这些新达尔文主义设想中最雄心勃勃的是威尔逊的"融通"(consilience)概念,这个术语是他从剑桥大学教师威廉·惠威尔(William Whewell)1840年整合自然科学的失败尝试中借鉴而来的。威尔逊承认自然科学内部的学科界限正在被生物化学、化学生态学和物理化学等新结构所突破和取代,他现在呼吁"科学家和哲学家之间"加强合作,"尤其是当他们在生物学、社会科学和人文学科的交界面上相遇时"。(Wilson 1999:10)能够在自然、社会和人文科学之间实现这一融通的学科是生物学,即(或许并非巧合)威尔逊自己的专业。这是因为他相信"基因进化"和"文化进化"之间存在联系:后者只是前者的一种新近表现。因此,文化进化也是由生物机理决定的,即使这种关系的具体性质有待发现(139)。由于我们都有在生物学意义上相似的大脑,大脑及其产物最终是生物进化的结果,其存在是为了促进基因的生存与复制,或者如威尔逊所说,"基因像一根带子束缚着文化"(Wilson 1978:167)。他认为,一旦人脑的运作被视为以生物学为基础,学科则必须进行自我重组:

> 现在,让我们以自然历史的自由精神来考察人类,好像我们是来自另一个星球的动物学家,正在编制一份地球上社会性物种的目录表。在这一宏观图景中,人文科学和社会科学缩小成特化了的生物学分支,历史、传记和小说则是人类文化学的研究备忘录(对动物行为模式的科学研究);而人类学和社会学一起构成了一个独特的灵长类物种的社会生物学。[1] (Wilson 1980:271)

道金斯还致力于从特定的科学角度弥合"两种文化"之间的鸿沟。他在引用诗人 W. H. 奥登(W. H. Auden)提及自己置身于科学家中间时的自卑情结的表述时对其进行了反转,他抱怨当

---

[1] 译文参见中译本《新的综合:社会生物学》(阳河清编译,四川人民出版社1985年版),第203页。

代科学家感觉自己"像卑微的助理牧师在一群文学气十足的伯爵中一样尴尬"(Dawkins 1999：29)。在他的《解析彩虹》(*Unweaving the Rainbow*)一书中,道金斯反对济慈指责牛顿将彩虹解释为白光折射的产物,因而破坏了彩虹的诗意。对道金斯来说,科学是增强而非破坏了世界之美,而人文学科的作家和批评家最好承认这一点。例如,他批评了 D. H. 劳伦斯(D. H. Lawrence)的一首关于蜂鸟的"完全不准确"的诗,因为这首诗的科学性很差。他解释道,作者"需要的是一位进化论和一位分类学的老师,他们可以把他的诗带入准确的范畴,赋予他的诗歌深刻的思想,使他的诗更引人注目"(Dawkins 1999：25)。道金斯试图将生物学和文化联系起来的方式之一是他的"模因"(meme)概念。"模因"是一个隐喻性术语,表示基因的文化等价物,即由于认知进化而以类似基因的方式进行复制的文化传播单位。它指的是思想、音乐、仪式和文本等能够存续、复制并被后代继承之物,因为它们实现了某种有用的遗传功能(304)。应当说,这些观点极具争议性——事实上,在过去几十年的激烈"达尔文论战"(Darwin wars)中,这是争论的要点之一。道金斯和威尔逊等"强硬派"达尔文主义者认为包括文化在内的一切都可以用进化来解释,而斯蒂芬·杰·古尔德(Stephen Jay Gould)和斯蒂文·罗斯(Steven Rose)等"温和派"达尔文主义者则将生命视为一个复杂的过程,在此过程中,并非人类意识的所有产物都是由特定的 DNA 链所决定的。

神经科学领域是一个同样提出了文化可以与生物学融合的相关科学领域,它研究记忆和意识的特定生物学根源。笛卡尔的身心二元论在该领域愈发受到质疑,其中争论往往集中于是否存在任何诸如非实体的心灵之类的事物,一种构成非生物"自我"的稳定意识,或者大脑是否仅仅是一台由自然选择设计的高度发达的计算机,用以解决各种问题。认知科学家史蒂文·平克(Steven Pinker)赞同后一种观点,认为我们可以通过幼儿变换不规则动词的方式来了解大脑结构。通过反复试验,他们了解到语言是由"单词和规则"的结合体所构成:有些单词遵循可被习得的规则,而其他单词则仅能单独/特殊记忆,并且这些不同的活动由大脑的不同区域进行(Pinker 2000:1)。这可能会让我们将语言视为一个由作者和读者在特定语境中建构、改编和提出,但同时仍受制于基本的生物学因素的动态概念。正如平克所说:

> 小说家与诗人、词典作者与编辑以及语文学家与语言学家长期以来都在反复思考规则和不规则变化。现在这个直接来自人文学科的话题正由分子遗传学和脑成像的尖端工具所探索。(Pinker 2000:299)

玛丽·托马斯·克莱恩(Mary Thomas Crane)和艾伦·理查森(Alan Richardson)探讨了其中一些科学发展,认为文学批评家们可能"需要开始思考大脑作为文化和生物学相遇并彼此影响的物质场所的含义"(Crane and Richardson 1999:131)。

这些研究领域无疑提供了利用科学发现洞察文学和文化文本的前景,这是一种跨学科研究形式,其可能性几乎尚未开始得到探讨。然而迄今为止,文学评论家们迟迟未能接受这一挑战。这可能仅仅是因为他们缺乏足够的科学知识,但我想提出另一个原因：进化生物学、遗传学和神经科学的方案疑似有知识帝国主义而非跨学科之嫌，因为它们试图仅从自身角度理解其他学科的关切。事实上，这类设想可被视为利维斯的英文学科愿景的科学版本：对跨学科的呼吁被描述为一个知识综合项目，但实际上却是基于一门学科的既得利益。最重要的是，这些方案未能理解科学的文化维度，而是将其描述为一种公正的学术形式，可供监督发展落后的学科。

这种对于科学的文化背景缺乏反思的例子之一是新达尔文主义思想重新发现达尔文的性选择观念的方式，它涉及动物对表现出某些特定性别特征的配偶的偏好。据威尔逊说，"雄性的一系列特性由此产生：好攻击、草率、感情易变、缺乏鉴别力等等。对于雌性来说，腼腆持重确是理论上有效的策略，直到识别出具有优良基因的雄性"（Wilson 1978：125）。这使他得以对比当代社会与古代的"狩猎-采集社会"中两性的行为；在这两种情况下，女性主要待在家里照顾孩子，而男性则外出供养家庭（133－139）。这里的问题在于，文化和历史上的特定实践被简化为生物学，并因此变得看似自然而无可避免。事实上，女性主义批评家琳内·西格尔（Lynne Segal）对威尔逊观点的回应可谓简短而悦耳："继续做梦吧！"（Segal 1999：84）正如我试图论证的那样，生态批评以及我在本章中研究的其他跨学科发展在一定程度上是基于挑战科学信心满满的自我形象：在借鉴许多自然科学领域的最新发展的同时，它们使用人文学科的解释模式来批判自然科学作为"特殊"知识类型的地位。

结论：当今的跨学科研究

结论：当今的跨学科研究

本书旨在强调跨学科方法的一些优势：它们可以挑战传统的、过时的思想体系，而这些思想体系是由制度权力结构维系的；它们可以产生创新的理论和方法，为现有学科开辟新的视角；它们可以帮助人们更具创造性地思考自己的学科与大学内外其他做事方式之间的关系。但本书也表明，如果以为通过跨学科能够解决所有问题，并且可以轻松超越传统学科的不足和排他性，这并不现实。到目前为止，我主要运用历史的考察路径，讨论了过去几十年来这些跨学科的观点在人文学科中是如何发展的。在这个结论部分，我想讨论一些关于跨学科的最新观点，特别是与文学研究相关的方面。用后殖民主义批评家格雷厄姆·哈根（Graham Huggan）的话来说，跨学科仍然是一个"既时髦又令人担忧的术语"（2002：255）。但近年来，人们不难察觉到人文学科对"跨学科"的轻微反拨，或者至少有人希望更准确地审视其声称比传统学科更大胆、更具知识创造性的主张。例如，一位宗教研究教授罗伯特·西格尔（Robert Segal）抱怨说，"这个词已成为一种咒语。这个概念已成为一项人权……跨学科……正被吹捧成青霉素的知识等价物"（2009：24）。

203

对跨学科的批判

在他的专著《废墟中的大学》(University in Ruins)中,比尔·雷丁斯对一些雄心勃勃的跨学科主张提出了挑战,同时也质疑了许多人文学科工作者对它不加质疑的接受。雷丁斯对跨学科的批判与他的一个总体认识相联系,即当代西方大学已经成为"跨国官僚公司",它们只知道追求利润,围绕一个空洞的"追求卓越"的概念(Readings 1996:3)而被组织起来。他认为,"跨学科"这个术语的模糊性和可塑性意味着它可以很容易地被用于追求市场化大学的目标:"我们可以以卓越的名义跨学科,因为这样便可以保留先前存在的学科界限,前提是它们对整个系统不会提出更大的要求,也不会对其成长和整合制造障碍。"(39)

换句话说,雷丁斯认为,跨学科研究既可能是出于大学管理预算和灵活应对市场需求的目的,也可能是为了知识对话与合作这样的可贵目标,因为将系别合并到跨学科规划中可以是一种精简和压缩成本的形式(191)。霍尔·福斯特(Hal Foster)同样指出了一些大学管理者可以"把跨学科投资作为节俭成本的方案"(Foster 1996:280)。他认为,在试图超越学科知识之前,我们需要接受学科知识的必然性,否则很可能产生一种对所有人都免费的知识,而不是开创性的学术形式:

即使在 20 年前,也有非常严格的学科规范:学科警察说了算！现在不是这样了。今天,有太多声称是跨学科的工作对我来说似乎是非学科的。要想跨学科,你首先必须得进入学科——以一门,最好是两门学科为基础,在把它们互相比对之前,先了解这些话语的历史性。现在,许多年轻人在从事学科工作之前就从事跨学科工作。结果是他们常常陷入折中主义,在哪一门学科上也没什么作为;这与其说是一种学科越轨,不如说是一种学科熵。(1998：162)

雷丁斯和福斯特并非攻击跨学科,而是批判那种认为它本身就是激进的或创新的,并且可以超越大学作为一个经济文化机构的地位的看法。正如我在本书中试图论证的那样,不存在非学科的、非结构化的知识;因此,这些论点能够有效地吸引人们注意跨学科的机构投资,看看它如何与它所批判的学术等级制度相互牵连。

雷丁斯和福斯特都认为跨学科研究代表了大学的未来。雷丁斯认为,跨学科的知识和制度之争已经取得了决定性胜利,"学科结构在市场需求的压力下正在破裂"。北美大学的近期前景将是"在一所由众多职业型学院组成的集群中,出现越来越跨学科的普通人文学科系列",而这也将伴随一个不可避免的"美国化"过程而成为世界其他国家的榜样(Readings 1996：174)。这也是雷丁斯针对市场在当代大学中打破现有体制和政府结构方面所发挥作用的总体看法的一部分。但他低估了公立背景和当代大学中现有等级制度的存在。

雷丁斯关于"公立"大学在全球垄断资本主义时代即将倒闭的观点可能更适用于美国大学制度，而不是像英国和澳大利亚等国家更受政府控制的大学制度，在那里，大学与企业的联系仍然不如与政府财政机制的联系紧密。但雷丁斯和福斯特都指出了一个重要方面，这也是本书到目前为止一直没有正面讨论的问题。那就是，跨学科不仅是一个知识问题，同时也是一个政治问题：教学和学术研究并非出现在政治真空中。大学也是领地性的机构，在其中工作的学者经常与其他部门的同事进行"地盘争夺战"。注重学科专业院系利益的学者和管理层面的管理者之间也经常发生冲突，后者主要关心的是如何在整个大学内平衡预算和创造收入。

在这个背景下，雷丁斯和福斯特的焦虑——大学管理者之所以提倡跨学科，是因为他们认为这是打破根深蒂固的学科等级制度和吸引学生"消费者"的好方法——现在也在美国以外的地方被表达出来。比如，哈根担心"越来越频繁地要求跨学科和跨院系合作可能是大学管理层用来诱惑各院系和其他更大的管理单位参与其自己的马基雅维利式成本削减计划的塞壬之声（siren-songs）[1]"（2002：245）。英国批判理论家托马斯·多切蒂（Thomas Docherty）也对这种新的市场主导文化心有疑虑，他认为"跨学科是……一句空话：就像'现代化'一样，它虽然没什么意义，却依然有着巨大影响"。对多切蒂来说，不断要求更加跨学科

---

[1] 塞壬是古希腊神话中人首鸟身的怪物，它用自己的歌喉诱使过往的水手倾听失神，航船触礁沉没。

的呼声可以追溯到20世纪60年代的反文化，它认为学科制度在某种程度上是限制性的、惩罚性的或排他性的，正如其最常见的字典意义"纪律"(discipline)所意指的那样。在当时，有很多激进的言论要打破学科之间的壁垒，认为它们阻碍了创造力和创新思维。正如多切蒂所说，"就像20世纪60年代要打破一切传统，我们让我们的学科像一盏无政府主义的熔岩灯(lava lamps)[1]一样相互渗透"。他指出，不管它表面上怎么辩驳，这种想法都"与那种认为做研究就是不断生产出无穷无尽的、可商品化的新思想和新奇事物的市场化方法互相共谋：一种熔岩的新形态"(Docherty 2009:25)。对多切蒂来说，跨学科的紧迫性实际上在于政府想要控制学术界生产的观点和研究成果，使其可被市场化利用，而不是作为小圈子独占的艰深之物。多切蒂愤怒的矛头所指主要目标是英国政府资助的各类基金委员会，这些委员会为学术研究项目拨款，并不断谈论"跨学科"的好处。例如，艺术与人文研究基金会(Arts and Humanities Research Council)围绕"宗教与社会""科学与遗产""流散、移民与身份"和"景观与环境"等一系列跨学科主题进行招标，拨发了大量研究资助。在这些广泛的主题中，跨学科协作和相互促进的价值往往被简单地理解为不言而喻。

多切蒂明确指出，打破学科疆界的愿望本身并不一定意味着解放。他并不是唯一一个认为20世纪60年代的许多革命性言论已被吸纳进现代市场观念的人。吕克·博尔坦斯基(Luc Boltanski)和伊芙·夏佩罗(Eve Chiapello)也同样声称，他们所谓的

---

[1] 熔岩灯，装有可上下流动和变形的彩色油状物。

"新资本主义精神"容纳了19世纪波希米亚城市文化中出现的资本主义"艺术批判"的要素，并在20世纪60年代的反主流文化中达到顶峰。通过对20世纪90年代的管理文献进行考察，他们认为这种新的"联系主义的"(connexionist)资本主义强调灵活的实践和扁平的等级制度，与20世纪60年代后期的自由意志主义左派哲学有着显著的相似之处，后者也重视自我表达和自我管理，而不是官僚制度下的循规蹈矩(Boltanski and Chiapello 2005)。

大学管理者所青睐的跨学科模式可以说是对现代新自由主义理念的呼应，即不受监管的市场从根本上讲是平等和民主的，有助于扫除过时的等级制度和低效的官僚机构。这种跨学科模式当然符合现代商业的说辞，尤其是美国的人际关系管理理论，该理论更强调团队分工与协作，而非僵死的规章和等级制度。在现代大学中，就像在现代商业中一样，协同、合作和"创造性的伙伴关系"被视为毋庸置疑的好东西，甚至它们本身就是目的。英国各类研究基金会目前的一个流行词是"沙坑"(sandpit)，即来自不同领域的研究小组被召集在一起，围绕一个特定主题进行几天的讨论，并鼓励他们建立跨学科合作伙伴关系，然后再竞标获得资助。一些学者认为"沙坑"一词明显太幼稚，它意味着跨学科研究将从好玩有趣的创造性互动中产生。

多切蒂正确地提醒人们，在这种新语境下，"学科"这个概念——无论是指狭义上的"学术"还是指更广义上的其他事物——并非本质上就是错的。事实上，学科对于所有优秀的写作、研究和思考都是必不可少的。这种危险是存在的，即，如果没有明确的理由或合理性，跨学科工作只会带来一种模糊、乏味的折中主义。同样值得指出的是，跨学科可能受制于人类智力上的局限。鉴于大多数人文学科的研究（即使是涉及合作的研究，如编写各种文集）仍由学者独立完成，这些人可能很难熟悉两个或多个学科的理论、方法和素材，同时又不致产生严重的知识漏洞。学科可能只是人为构建之物，但这种人为性是有原因的：没有人能通晓一切。

2006 年，玛乔瑞·嘉伯（Marjorie Garber）在就任现代语言协会主席发表的演讲致辞中也提到了这其中一些担忧。现代语言协会是美国和世界其他地区文学研究领域最重要的专业协会。她以一个问题开始了她的演讲："为什么今天'仅仅'研究文学是如此可疑？"（Garber 2007：655）嘉伯注意到，那些只聚焦于单个作家、按照传统方式完成博士论文的毕业生很难在文学研究领域找到学术性工作。相反，她看到有很多博士论文"在讨论小说、戏剧或诗歌时，只是把它们视为达到其他目的的手段——它们是一扇窗户，我们透过它可以看到文本之外的世界，比如文化欲望、动机、焦虑或偏见的症候等等"（2007：654）。她认为，无论目前的跨学科文学研究如何，"有一门学科显然是缺失的，而这就是古希腊人所称的诗学（poetike）"。嘉伯认为，文学学者往往不愿意讨论他们正在研究的广泛文本的文学性质，这让人觉得很奇怪，因此"将当代文学研究者所从事的主要活动称为其他学科的（otherdisciplinary）而非跨学科的可能更为准确"（2007：655）。

然而，嘉伯以乐观的看法结束了她的演讲："一个幽灵仍在学术界游荡，那就是文学的幽灵"（2007：658）。她认为，文学研究的根本内核不可能如此轻易地被抛弃，文学学者最终会回归他们最初的诗学学科：

> 我们这些教授文学的人可能会发现，我们的专业知识比我们想象的要多得多。现在是时候相信最初把我们带到这个领域的文学本能了，同时也是时候去认识到我们需要的是在我们自己的学科中进行更多理论的、历史的和批判性的训练，而不是贪恋追求其他学科，那些学科之所以看上去有些诱人的异域情调，只是因为我们并未真正去实践它们。（Garber 2007：662）

在许多方面，这些怀疑的声音是对斯坦利·费什（我在本书第三章和第四章结尾处曾做过讨论）所提出的论点的改写，他在最近的一篇文章中再次呼吁文学评论家去教授分析技能和专业化知识，而不是把自己塑造成"道德学家、治疗师、政治顾问和全球变革的推动者"（2008：14）。现在的区别是，这一论点是由批评者提出的，他们并不像费什一样曾被描述为政治保守派，他们过去的工作也不像费什那样是无可争议的跨学科。嘉伯是视觉和环境研究以及英文研究教授，她最近从擅长的莎士比亚研究中走出来，转而去研究变装、双性恋和不动产等多种话题。马克思主义文学批评家特里·伊格尔顿的作品范围也很广，基本不大可能被指责是纯文学研究，他在《如何阅读诗歌》（*How to Read a Poem*）——书名本身就暗示了一种回归基础的方法——一书的开头就做出了和嘉伯相似的举动。他写道："我最初想到写这本书，是因为我意识到，最近我遇到的文学专业学生几乎没有一个人练习过我自己曾被训练过的那种文学批评。就像盖草房或跳木屐舞一样,文学批评似乎成了一种即将消亡的技艺"(Eagleton 2007:1)。伊格尔顿表示,如今,学生们倾向于只对文本进行"内容分析":

> 他们描述文学作品,复述其中发生的事情,也许还加入一些评价性的议论。为了在技术上与语言学相区别,他们将诗歌视为语言,而不是话语……如果只阅读这些作品内容分析,我们很难想象它们原本应该是关于诗歌或小说的讨论,而不是关于现实生活中所发生事情的讨论。被忽略的是作品的文学性……他们对待这首诗就像是诗人出于某种奇怪的原因,选择了一行行地写下他或她对战争或性的观点,而这些诗行却没有结尾。也许电脑卡住了。(Eagleton 2007:2-3)

应当指出,伊格尔顿并没有把这种情况归咎于跨学科;像任何优秀的马克思主义者一样,资本主义才是他批判的对象。他认为,"它是一种特定的生活方式,而不是一套抽象的观念,这才是罪魁祸首。给我们的语言敏感性造成破坏的是无深度的、商品化的、即视易辨的发达资本主义世界,包括其肆无忌惮的符号使用、计算机化的信息交流和对'经验'的光鲜包装"(Eagleton 2007:17)。虽然伊格尔顿没有提到"跨学科"这个词,但这里与多切蒂的论点有相通之处。两者都认为,现代市场规律鼓励创造一个模糊的、缺乏学科性的知识大杂烩。如果用马克思和恩格斯的名言

[Marx and Engels(1848)2002:223]来说,商品资本主义是一个"一切坚固的东西都烟消云散了"的世界,那么我们也许比以往任何时候都更需要一些深思熟虑、一些严谨、一些规范。

学科的幸存

虽然针对跨学科的这些批评也不无道理,但在我看来似乎言过其实,他们低估了学科在当代大学里的生存能力。例如,除非你坚定立足于某个学科,而且实际上还需要有一个公认的专业,否则很难在大学里找到一份教职。学术职位的招聘广告往往出现在"18世纪文学"或"维多利亚研究"等领域,尽管对其他课程教学知晓一二也通常会有所帮助。学科依然存在的现象在英国尤为明显,因为英国的学术预算主要受政府控制。比如高等教育质量保证局(Quality Assurance Agency for Higher Education)和英格兰高等教育资助委员会(Higher Education Funding Council for England),这些国家机构会评估大学正在做什么,并相应地为它们提供资金,对跨学科实施制度约束。科研评估和教学质量审查有助于通过监测可测度的单元内的标准来强化学科界限,这通常是在专家评估员或特定学科专家小组的帮助下进行的。这些监测结果会给出排行榜和其他"业绩指标",不仅用于指导资金决策,而且还会在报纸和其他媒体上刊登,有助于推销与那些学科相关的学位和院系。特别是,政府发起的科研评估活动(Research Assessment Exercise)和紧随其后的卓越研究框架

(Research Excellence Framework)在很大程度上由各个学科管理和控制。尽管政府尽最大努力将经济盈利能力和其他形式的"知识转移"作为评估的一个重要因素,但最重要的因素是所谓的"隐形学院"(invisible college)对某一特定学科的同行评审,即在某一特定领域工作的国内或国际学者网络,其范围超出了任何大学或机构。

在竞争激烈的本科生市场向学生推销学位,以及在竞争同样激烈的研究生市场向雇主出售学位,也都有助于强化学科。目前对"毕业生素养"(graduateness)的强调,即学生应该在毕业时获得并展示出专业技能和知识,通常与特定学科有关。人们越来越重视专业培训和专业知识,毕业生需要掌握某个特定学科的公认技能,这强化了传统的知识等级。付费学生(以及可能为他们提供资助的父母)想知道他们的学位在大学以外的市场上的价值,这是可以理解的。因此,像英文这样的学科逐渐发展为一个公认"品牌",一家拥有巨量文化资本的"老字号银行",进而吸引潜在的学生和雇主。举一个例子,我自己的系不得不将其名称从"文学、生活与思想"(正如我在第二章中提到的,这也是剑桥大学第一个英文学位的名称)改为"文学和文化史",最后又改为"英文系",部分原因是出于实用考量。为了了解我们的跨学科英文课程,未来的学生需要能够在大学和学院招生服务手册中的所有其他"英文"学位中找到它。

考虑到所有这些经济和制度因素,学科似乎仍将是当代大学的一股强大力量。套用马克·吐温(Mark Twain)的话说,关于学科死亡的传言被夸大了。目前,英文系的研究范围涉及文学、文化史、文化研究、哲学、精神分析、政治学、社会学、艺术史、语言学、科学哲学和许多其他领域。甚至可能还有在这个系里工作的人很少或从不学习人们通常理解的"文学"。但英文作为一门学科仍然存在：它有其独立的组织单位、专业期刊、专业团体和协会以及它作为一个品牌名称的市场潜力，也许最重要的是，它还有它的学生。这在一定程度上是因为学科既是制度和经济实用主义的产物，也是知识合理性的产物，这意味着即使它们的方法论和理论假设受到挑战，它们也往往会继续存在。但这也是因为跨学科方法与更传统的观点并存：目前在英文系开展的一些工作与该学科诞生以来文学学者所做的工作没有根本区别，例如，溯源考据、文学传记和历史、严密的文本分析以及生产权威批评文本等。

就目前情况而言，英文学科融合了学科和跨学科观点的复杂组合，这反映在以它的名义设置的大学课程的宽泛和多样性上。尽管存在这种多样性，但我们仍可以发现许多英文课程的教学方式在过去几十年间的总体变化，这是对我在本书中探讨的一些跨学科发展的回应。例如，我们现在可能不再强调从《贝奥武夫》（*Beowulf*）[1]到弗吉尼亚·伍尔夫（Virginia Woolf）及之后这样的历史覆盖面，因为这种学科广度现在一般被认为不如向学生介绍跨人文学科的重要议题、争论和研究问题更重要。除了传统的文学史分期或体裁模块（如1900—1950年间的英国文学或浪漫主

---

[1] 《贝奥武夫》，古英语叙事长诗，此诗可追溯到英格兰盎格鲁-撒克逊时期，作者不明，一般被视为英国文学的开端。

义诗歌)之外,还可能有一些基于特定理论方法(例如,女权主义、马克思主义或精神分析)的模块或主题课程,或者围绕某个中心主题(如城市、奴隶制、童年、战争等)去探讨广泛的(文学和艺术)再现领域。

也许最重要的发展是文学经典的不断修订和扩展。这在一定程度上与美国所谓的"文化战争"有关,这场战争常常火药味十足,试图在英文学位课程中引入更多的种族和性别多样性话题。但在学术研究中,这一经典的扩展可能同样受到跨学科冲动的影响,特别是用其他类型的文本,如通俗小说、旅游写作、儿童文学、自传,甚至科学和医学文本来补充高雅文化创意写作,后者是文学研究的传统主题。通常,从经典文学文本向边缘或非文学文本的转变是因为经典似乎被过度研究和重写,所以对新的批评见解不够开放。数字人文领域的不断扩大是促进这种边缘文本使用的催化剂之一,它对传统的文本性观念进行了电子化颠覆。数字档案不分文化等级,人们通过简单的文字搜索就可以在广泛的文本库中得出查询结果。正如威廉·B. 华纳(William B. Warner)和克利福德·西斯金(Clifford Siskin)所说,"我们的新电子数据库通过恢复早期的、完整意义上的'文学'的真实范围,帮助打破了'文学'这一魔咒"(2008:105)。对19世纪文学的研究尤其如此,可能是因为这是一个印刷文化大规模扩张的时期,而同时这一时期的作品也基本上不再受到著作权保护。例如,有几个主要项目将维多利亚时代的期刊数字化,大英图书馆将许多19世纪的报纸——包括地方报纸和全国性报纸——数字化。在数字时代,文学正成为最广义上的"印刷文化"。

近年来，在跨学科的文学研究中，也出现了从哲学重新转向英文研究的传统伙伴——历史——的趋势，尤其是出现了远离我在第三章中讨论的"宏大理论"（big theory）的趋势。德里达、拉康、福柯和巴特等后结构主义批评家在 20 世纪末对人们理解文学研究中的跨学科起到了关键作用，但他们的著述如今却不再像过去那样被广泛引用。现在，英文专业课程中通常也不再有一个特定的"理论"模块。这在一定程度上是因为这些理论已经完全融入这个学科中，不再需要被明确地打出旗号；另一部分原因是，在与抽象的理论纠缠了多年之后，知识风尚现在发生了变化，人们渴望回归"真实"（the real），尽管有关"真实"这个词语的定义仍然复杂不清。在英语文学研究中最常见的现象是，理论热被人们通常所说的"新历史主义"所取代，这是一种将文学与文化历史相结合的方法，并产生了许多具体应用。最后，我想简要回顾一下这种新型的跨学科研究在两个领域的具体表现，分别是维多利亚研究和当代文化研究。

维多利亚研究与文化研究

维多利亚研究出现于 20 世纪 50 年代，那时理论热尚未出现，文化研究的发展也还没有动摇英文学科的基础。主要的跨学科期刊《维多利亚研究》（*Victorian Studies*）于 1957 年首次出版，当时只有一小部分学者在宣扬跨学科的优点。在 20 世纪 60 年代和 70 年代，维多利亚时代成为文学和历史中跨学科研究的中心。拉斐尔·塞缪尔（Raphael Samuel）、阿萨·布里格斯（Asa Briggs）和 E. P. 汤普森等历史学家所研究的社会和城市史领域不断扩大，他们也通常以这一时期为中心。在 20 世纪 80 年代和 90 年代，维多利亚研究得益于美国新历史主义方法在文学研究中的普及运用，也得益于历史研究中的语言学转向或文化转向（参见我在本书第四章中的讨论）。最近，维多利亚研究又为"文化史"研究的蓬勃发展提供了肥沃的土壤。从广义上讲，文化史将考证学、历史学和社会人类学结合在一起，研究人类主体性的历史变化及其在文化和物质实践中的呈现，换句话说，也就是人类意义形成的整个历史。它与法国历史学家所称的"心态史"（history of mentalities）有些交叉：研究整个文化的思想、情感和态度在历史中如何变化。

然而，对于历史学家马丁·休伊特（Martin Hewitt）来说，维多利亚研究仍然不够跨学科。他注意到大多数维多利亚研究期刊仍然主要由文学研究者组成，尽管这些人是以历史或跨学科为导向的。他呼吁文学批评家和历史学家之间进行更真诚的对话与合作：

> 如果维多利亚研究要想超越其目前的局限性，成为一个建立在组合（combination）而不是聚合（aggregation）的基础上的、真正的跨学科领域，那么它……就必须为自己创造一种新的学术整合，一种共有的文学观，一个共同的研究聚焦，一套被广泛接受的研究模式和理论假设，以及从根本上尊重"维多利亚"作为一套分析框架的

效用。互相割据的学科围墙不会自己瓦解——它们需要被有意地和系统地破坏;一种跨学科的共同体意识不会自己演变出来,而是必须被建立起来。(Hewitt 2001:152)

休伊特呼吁通过"共同的研究聚焦"实现跨学科研究,这似乎是自相矛盾的;这听起来像是在创建一门新学科。但我同意休伊特的观点,即跨学科工作往往需要在公认的专业领域内进行。这在一定程度上是因为所有创新性的知识活动都有个人风险,我的意义是说,它可能比传统学科性工作更难预期,而且它的出版"产出"(大学管理者喜欢称之为"产出")可能不确定。抵消这种风险的一种方法是建立一种制度基础:为你的成果提供许多可能的出版渠道,举办会议和建立专业学会网络,在那里你可以结识志同道合的学者。在过去十年左右的时间里,维多利亚研究主要是把文学、历史和视觉文化结合在一起,在这个意义上,这似乎更像一门学科。它建立了专门的期刊,如《维多利亚文化》(*Journal of Victorian Culture*),同时成立了一些学术组织,如2000年成立的英国维多利亚研究协会(British Association for Victorian Studies),以及2002年成立的北美维多利亚研究协会(North American Victorian Studies Association)。当这种不可避免的制度化发生在一个不断发展的领域时,人们的研究总是有变得过于谨慎、过于传统、过于相似的危险;但是,跨学科工作也有机会因此变得更有创造性,因为一个相对安全的子领域为知识提供了避难所,也为探索新思想创造了空间。

在当代英国文学和文化研究中,情势尚不明晰。还没有一个这样的子领域,它可以将文学、历史、政治和文化领域的学者聚集在一起创造出类似战后"心态史"的东西。这在一定程度上是因为在这一领域,文本批评家和历史学家之间的对话不多。战后和当代历史学家仍然倾向于与政治、经济和外交历史的传统模式联系在一起。正如历史学家斯蒂芬·布鲁克(Stephen Brooke)所说,"我们对1945年后英国的理解还没有完全摆脱对白厅和克佑区(Kew)[1]的依赖",这意味着它仍然植根于政府机构和国家档案馆(2003:136)。当代英国历史仍然相对未受新文化史的影响,对过去几个世纪的雄心勃勃的跨学科研究——例如维多利亚研究、文艺复兴研究和浪漫主义研究——与20世纪后期狭隘的经济和政治史研究之间存在明显的差距。

正如理查德·约翰逊所说,另一个问题是历史与文化研究之间的对话似乎被打断了。20世纪70年代中后期,伯明翰文化研究中心的工作开始转向解释战后文化政治霸权秩序的转变、撒切尔主义对这种转变的挑战,以及文化遗产业和其他再现过去的当代文化产业如何政治化地运用历史(Johnson 2001:266-267)。但如果说当代历史学忽视了对文化的关注,那么文化研究也早已远离了对近代历史的历史化描述。它被整合为一门学科的结果是导致了更为纯粹的人种学或文本方法,关注的中心是大众消费、亚文化生活方式以及新媒体和新技术。文化研究在很大程度

---

[1] 克佑区,位于大伦敦区西部的一个区,也是英国皇家植物园(邱园)和国家档案馆所在地。

上已成为对大众文化的研究。

如果说文化研究正从托尼·贝内特所称的"学科羞怯"（见第二章）中走出来——贝内特会认为这不一定值得惋惜——那么它与英文和历史系的联系就不可避免地被削弱了。因此，没有真正的"当代研究"这样一个实体，可以像维多利亚研究一样，将文学、历史和其他相关学科的学者聚集在一起。但对于这一领域的跨学科研究人员来说，缺乏制度基础可能既是一个优势，也是一个劣势。值得一提的是，我在本书中讨论的许多开创性的跨学科工作都是由罗兰·巴特、雷蒙德·威廉斯、斯图亚特·霍尔和理查德·霍加特等学者完成的，他们在一定程度上都曾处于成熟学术界或公认学科的边缘。位于学术边缘既是问题，但也是机会。

可以说，由于它们是相对新的和探索性的，跨学科的思维方式往往比现有的知识形式更加杂乱无章和支离破碎。但如果说跨学科领域存在某种混乱，这也恰恰是该领域值得占领的原因。正如凯西·N. 戴维森（Cathy N. Davidson）和西奥·戈德伯格（Theo Goldberg）所说，跨学科可以被视为"在思想史上被称为'真实'的东西的不可控函数"，"它源于社会和文化生活（现实生活、现实条件和现实关系等）的对象（和主体）存在于分析奇点和方法规则的约束之外的感觉"。（Davidson and Goldberg 2004:50）跨学科在不断寻找无法控制的"真实"时，会打破学科流畅自如的欺骗性表相，通过指出所有科学客观性和中立性主张的可疑性质，质疑了学科作为中立知识的传递者的地位。如果正如我在本书中试图展示的那样，跨学科在过去几十年中在人文学科中产生了一些最有趣的知识发展，那么这可能正是因为它的问题和缺点没有被既定的结构或惯例所掩盖。

在他的专著《废墟中的大学》中,雷丁斯认为,由于跨学科合作的尝试总是受到其制度背景的影响,我们应该尝试创造一种反思性的学科形式,承认其自身的局限性和人为性,"不是一个广义的跨学科空间,而是某种学科间分分合合的节奏变化,这样做的目的是避免学科问题消失,沉入常规"。在这个框架内,各学科必须"以**思想**的名义做出回答,反思它们使哪些思想成为可能,以及它们排除了哪些思想"(Readings 1996:176)。这对我来说听起来有些道理:我们可以寻求改变学科,鼓励它们之间的交流,或者利用它们创造新的知识结构或联盟,但我们永远不能完全放弃它们作为组织知识的手段。因此,跨学科可以被视为一种更加批判性和自觉地与学科共存的方式,认识到它们最基本的假设总是会受到来自其他地方的新思维方式的挑战或激活。最重要的是,跨学科研究代表了知识的非自然化:这意味着在既定思维模式下工作的人必须永久意识到他们的工作所受到的知识和制度约束,并对构建和表达他们的世界知识的不同方式保持开放态度。

延伸阅读

Anderson, Amanda and Joseph Valente, eds. *Disciplinarity at the Fin de Siècle*. Princeton: Princeton University Press, 2002. 这是一系列发人深省的文章,试图通过考察包括英文在内的许多学科在维多利亚时代后期的兴起来给当今的跨学科热降温。这些文章认为,学科本身并不是狭隘或强制性的,它们总是与其他学科进行对话。

Beer, Gillian. *Open Fields: Science in Cultural Encounter*. Oxford: Oxford University Press, 1996. 本书包含了关于文学与科学之间关系的一系列开创性论文,尤其关注了查尔斯·达尔文及19和20世纪早期的写作。其中第六章"锻造缺失的一环:跨学科的故事"特别具有启发性。

Coles, Alex and Alexia Defert, eds. *The Anxiety of Interdisciplinarity*. London: BACKless Books, 1998. 一本理论性很强同时有些另类的论文集,涵盖了文化研究、批评理论和视觉文化等内容。

Davidson, Cathy N. and David Theo Goldberg. "Engaging the Humanities", *Profession*, 2004: 42-62. 两位美国学者在本文中呼吁建立新的跨学科人文研究,以挑战科学专业在当代大学中的霸权。

Eaglestone, Robert. "Interdisciplinary English", in *Doing English: A*

Guide for Literature Students, 2nd edn. London: Routledge, 2002, pp. 121 - 128. 一部简短但非常有用的导论,旨在引导本科生进入英文专业,作者认为英文作为一门学科是"分散、混杂和交织"的。

Fay, Elizabeth. "Cultural History, Interdisciplinarity and Romanticism", *Literature Compass*, 3, 5 (2006): 1065 - 1081. 本文将文化史作为人文学科中一种特殊的跨学科研究模式来看待,尤为关注浪漫主义研究中有关身体和姿势的历史。

Fish, Stanley. "Being Interdisciplinary Is So Very Hard to Do", in *There's No Such Thing as Free Speech, and It's a Good Thing, Too*. New York: Oxford University Press, 1994, pp. 231 - 242. 本文对跨学科提出了明确批判,同时呼吁文学批评家回归本行。

Garber, Marjorie. "Presidential Address 2006: It Must Change", *PMLA*, 122, 3 (2007): 652 - 662. 这篇文章最初是作者在现代语言协会会议上发表的一篇演讲,呼吁文学研究学者不要忘记是什么把他们自身与其他学科区分开来:诗学。

Hayes Edwards, Brett. "The Specter of Interdisciplinarity", *PMLA*, 123, 1 (2008): 188 - 194. 这是对嘉伯的文章的回应,作者认为文学研究"一定不能放弃它与社会的独特联系点"。

Hewitt, Martin. "Victorian Studies: Problems and Prospects?", *Journal of Victorian Culture*, 6, 1 (2001): 137 - 161. 这篇文章在我的结论中曾被讨论过,作者呼吁所有从事维多利亚文化研究的学者将他们的领域彻底整合为一个跨学科领域。

Huggan, Graham. "Postcolonial Studies and the Anxiety of Interdisciplinarity", *Postcolonial Studies*, 5, 3 (2002): 245 - 275. 这是一篇以后殖民主义研究为个案的文章,探讨了跨学科研究在当代大学带来的焦虑和敌对情绪。

Klein, Julie Thompson. *Humanities, Culture, and Interdisciplinarity: The Changing American Academy*. Albany, NY: State University of New York Press, 2005. 克莱恩曾发表大量文章来讨论美国大学中的跨学科研究,他在这本书中特别关注了人文学科中的文化研究。

Limon, John. *The Place of Fiction in the Time of Science: A Disciplinary History of American Writing*. Cambridge: Cambridge University Press, 1990. 本书试图绘制一种跨学科方法来讨论文学与科学之间的关系。作者在第一章"走向学科知识史"中对文学批评学科和科学哲学进行了一些启发性思考。

Shattock, Joanne. "Where Next in Victorian Literary Studies? Revising the Canon, Extending Cultural Boundaries, and the Challenge of Interdisciplinarity", *Literature Compass*, 4, 4 (2007): 1280-1291. 这篇文章聚焦于维多利亚文学研究的跨学科可能性,对正在进行的档案数字化的影响进行了有趣的讨论。

Warner, William B. and Clifford Siskin. "Stopping Cultural Studies", *Profession*, 2008: 94-107. 这篇文章探讨了文化研究在文学研究中的影响,以及"文学"范畴向"文化"的扩展。但正如其标题所示,文章最后呼吁文学研究重新关注其核心素材:印刷文化。

Willis, Martin. *Mesmerists, Monsters, and Machines: Science Fiction and the Cultures of Science in the Nineteenth Century*, Kent, OH: Kent State University Press, 2006. 本书第一章和结论为读者提供了一个非常有用的跨学科批评概述,特别是科幻小说研究方面。

参考文献

Adorno, Theodor (1978). "On the Social Situation of Music", *Telos: A Quarterly Journal of Radical Thought*, 35 (Spring): 129 – 64.
—— (1981). *Prisms*, Cambridge, MA: MIT Press.
Adorno, Theodor and Horkheimer, Max ([1972] 1997).*Dialectic of Enlightenment*, trans. John Cumming, London: Verso.
Alasuutari, Pertti (1995). *Researching Culture: Qualitative Method and Cultural Studies*, London: Sage.
Althusser, Louis (1971). *Lenin and Philosophy and Other Essays*, trans. Ben Brewster, London: New Left Books.
—— (1976). *Essays in Self-Criticism*, trans. Grahame Lock, London: New Left Books.
—— (1977). *For Marx*, trans. Ben Brewster, London: New Left Books.
Althusser, Louis and Balibar, Étienne (1970). *Reading Capital*, trans. Ben Brewster, London: New Left Books.
Appleby, Joyce, Hunt, Lynn and Jacob, Margaret (1994). *Telling the Truth About History*, New York: Norton.
Aristotle (1947). *Metaphysics*, trans. Hugh Tredennick, 2 vols, London: Heinemann.
—— (1961). *Politics*, trans. Ernest Barker, Oxford: Clarendon Press.
Arnold, Matthew ([1869] 1993). *Culture and Anarchy and Other Writings*,

ed. Stefan Collini, Cambridge: Cambridge University Press.

Ashcroft, Bill, Griffiths, Gareth and Tiffin, Helen (1998). *Key Concepts in Post-Colonial Studies*, London: Routledge.

Bacon, Francis ([1620] 1980). *The Great Instauration and New Atlantis*, ed. J. Weinberger, Arlington Heights, IL: Harlan Davidson.

Barrell, John (1988). *Poetry, Language and Politics*, Manchester: Manchester University Press.

Barthes, Roland (1973). *Mythologies*, selected and trans. Annette Lavers, London: Paladin.

—— (1975). *S/Z*, London: Jonathan Cape.

—— (1977). *Image-Music-Text*, trans. Stephen Heath, London: Fontana.

—— (1986). *The Rustle of Language*, trans. Richard Howard, Oxford: Basil Blackwell.

Bate, Jonathan (1998a). "Poetry and Diversity", in Richard Kerridge and Neil Sammells (eds), *Writing the Environment: Ecocriticism and Literature*, pp. 53–70, London: Zed Books.

—— (1998b). "The Climates of Literary History: Past, Present, Future", *The European English Messenger* 7, 2 (Autumn): 12–20.

—— (2000). *The Song of the Earth*, London: Picador.

Baudrillard, Jean (1994). *The Illusion of the End*, trans. Chris Turner, Cambridge: Polity Press.

Becher, Tony (1989). *Academic Tribes and Territories: Intellectual Enquiry and the Cultures of Disciplines*, Milton Keynes: Open University Press.

Beer, Gillian (1983). *Darwin's Plots: Evolutionary Narrative in Darwin, George Eliot and Nineteenth-Century Fiction*, London: Routledge and Kegan Paul.

—— (1996a). "Introduction", in G. Beer (ed.), Charles Darwin, *The Origin of Species*, pp. vii–xxviii, Oxford: Oxford University Press.

—— (1996b). *Open Fields: Science in Cultural Encounter*, Oxford: Clarendon Press.

Behdad, Ali (1994). *Belated Travelers: Orientalism in the Age of Colonial Dissolution*, Durham, NC: Duke University Press.

参考文献

Bennett, Tony (1979). *Formalism and Marxism*, London: Methuen.

—— (1998). *Culture: A Reformer's Science*, London: Sage.

Bennington, Geoffrey (1999). "Inter", in Martin McQuillan, Graeme MacDonald, Robin Purves and Stephen Thomson (eds), *Post-Theory: New Directions in Criticism*, pp. 103–19, Edinburgh: Edinburgh University Press.

Bentham, Jeremy ([1789] 1982). *An Introduction to the Principles of Morals and Legislation*, eds J.H. Burns and H.L.A. Hart, London: Methuen.

Bergonzi, Bernard (1990). *Exploding English: Criticism, Theory, Culture*, Oxford: Clarendon Press.

Berman, Marshall (1983). *All That is Solid Melts Into Air*, London: Verso.

Bloom, Harold (1975). *The Anxiety of Influence: A Theory of Poetry*, Oxford: Oxford University Press.

Board of Education (1921). *The Teaching of English in England* [The Newbolt Report], London: HMSO.

Boltanski, Luc and Eve Chiapello (2005). *The New Spirit of Capitalism*, trans. Gregory Elliot, London: Verso.

Bourdieu, Pierre (1971). "Intellectual Field and Creative Project", in Michael F.D. Young (ed.), *Knowledge and Control: New Directions for the Sociology of Education*, pp. 161–88, London: Collier-Macmillan.

—— (1984). *Distinction: A Social Critique of the Judgement of Taste*, trans. Richard Nice, London: Routledge and Kegan Paul.

—— (1988). *Homo Academicus*, trans. Peter Collier, Cambridge: Polity.

—— (1990). *In Other Words: Essays Towards a Reflexive Sociology*, trans. Matthew Adamson, Cambridge: Polity.

—— (1991). *Language and Symbolic Power*, ed. John B. Thompson, trans. Gino Raymond and Matthew Adamson, Cambridge: Polity.

—— (1993). *The Field of Cultural Production: Essays on Art and Literature*, ed. Randal Johnson, New York: Columbia University Press.

—— (1996a). *On Television and Journalism*, trans. Priscilla Parkhurst Ferguson, London: Pluto.

—— (1996b). *The Rules of Art: Genesis and Structure of the Literary Field*, trans. Susan Emanuel, Cambridge: Polity.

Brantlinger, Patrick (1990). *Crusoe's Footprints: Cultural Studies in Britain and America*, New York: Routledge.

Brooke, Stephen (2003)."Moments of Modernity", *Journal of British Studies* 42, 1: 132 – 9.

Butler, Judith (1990). *Gender Trouble: Feminism and the Subversion of Identity*, New York: Routledge.

Carr, E.H. ([1961] 1964). *What is History?*, Harmondsworth: Penguin.

Cassirer, Ernst (1950). *The Problem of Knowledge*, trans. William H. Woglom and Charles W. Hendel, New Haven, CT: Yale University Press.

Clare, John (1965). *Selected Poems*, eds J. W. Tibble and Anne Tibble, London: Dent.

Clarke, John, Hall, Stuart, Jefferson, Tony and Roberts, Brian (1976). "Subcultures, Cultures and Class", in S. Hall and T. Jefferson (eds), *Resistance Through Rituals: Youth Subcultures in Postwar Britain*, pp. 9 – 74, London: Hutchinson.

Comte, Auguste ([1830 – 42] 1974). *The Essential Comte*, ed. Stanislav Andreski, trans. Margaret Clarke, London: Croom Helm.

Crane, Mary Thomas and Richardson, Alan (1999). "Literary Studies and Cognitive Science: Toward a New Interdisciplinarity", *Mosaic* 32, 2 (June): 123 – 40.

Crane, R.S. (1957). "Preface", in R. S. Crane (ed.), *Critics and Criticism*, pp. iii – vi, Chicago: University of Chicago Press, abridged edn.

Croce, Benedetto ([1941] 1970). *History as the Story of Liberty*, trans. Sylvia Sprigge, Chicago: Henry Regnery.

Culler, Jonathan (1983). *On Deconstruction: Theory and Criticism After Structuralism*, London: Routledge and Kegan Paul.

Davidson, Cathy N. and Goldberg, David Theo (2004). "Engaging the Humanities", *Profession*: 42 – 62.

Dawkins, Richard (1976). *The Selfish Gene*, Oxford: Oxford University Press.

—— (1999). *Unweaving the Rainbow: Science, Delusion and the Appetite for*

Wonder, London: Penguin.

de Beauvoir, Simone ([1953] 1997). *The Second Sex*, ed. and trans. H. M. Parshley, London: Vintage.

de Certeau, Michel (1984). *The Practice of Everyday Life*, trans. Steven F. Rendall, Berkeley, CA: University of California Press.

de Man, Paul (1979). *Allegories of Reading: Figural Language in Rousseau, Nietzsche, Rilke and Proust*, New Haven, CT: Yale University Press.

—— (1986). *The Resistance to Theory*, Manchester: Manchester University Press.

Dennis, Norman, Henriques, Fernando and Slaughter, Clifford (1956). *Coal is Our Life: An Analysis of a Yorkshire Mining Community*, London: Tavistock.

Derrida, Jacques (1976). *Of Grammatology*, trans. Gayatri Chakravorty Spivak, Baltimore, MD: Johns Hopkins University Press.

—— (1978). *Writing and Difference*, trans. Alan Bass, London: Routledge and Kegan Paul.

—— (1981). *Positions*, trans. Alan Bass, London: Athlone.

—— (1982). *Margins of Philosophy*, trans. Alan Bass, Brighton: Harvester.

—— (1992a). *Acts of Literature*, ed. Derek Attridge, New York: Routledge.

—— (1992b). "Mochlos: Or, The Conflict of the Faculties", in Richard Rand (ed.), *Logomachia: The Conflict of the Faculties*, pp. 3 – 34, Lincoln, NB: University of Nebraska Press.

—— (1995). *Points ... Interviews, 1974 – 1994*, ed. Elizabeth Weber, trans. Peggy Kamuf, Stanford: Stanford University Press.

Descartes, René (1955). *Philosophical Works*, vol. 1, trans. Elizabeth S. Haldane and G. R. T. Ross, New York: Dover.

Docherty, Thomas (2009). "Our Cowed Leaders Must Stand up for Academic Freedom", *Times Higher Education*, 9 April: 24 – 5.

Durkheim, Emile ([1895] 1964). *The Rules of Sociological Method*, ed. George E. G. Catlin, trans. Sarah A. Solovay and John H. Mueller, New York: Free Press.

Eagleton, Terry (1996). *Literary Theory: An Introduction*, Oxford:

Blackwell, 2nd edn.

Eagleton, Terry (2007). *How to Read a Poem*, Oxford: Blackwell.

Easthope, Anthony (1991). *Literary into Cultural Studies*, London: Routledge.

Eichenbaum, Boris (1965). "The Theory of the 'Formal Method'", in Lee T. Lemon and Marion J. Reis (eds and trans), *Russian Formalist Criticism*, pp. 3–24, Lincoln, NB: University of Nebraska Press.

Elam, Diane (1994). *Feminism and Deconstruction: Ms. en Abyme*, London: Routledge.

Eliot, T. S. (1948). *Notes Towards a Definition of Culture*, London: Faber and Faber.

—— (1951). *Selected Essays*, London: Faber and Faber.

Elton, G. R. ([1967] 1984). *The Practice of History*, London: Flamingo.

Evans, Richard (1997). *In Defence of History*, London: Granta.

Felman, Shoshana, (1982). "To Open the Question", in S. Felman (ed.), *Literature and Psychoanalysis: The Question of Reading: Otherwise*, pp. 5–10, Baltimore, MD: Johns Hopkins University Press.

Feyerabend, Paul (1975). *Against Method: Outline of an Anarchistic Theory of Knowledge*, London: New Left Books.

Fish, Stanley (1994). "Being Interdisciplinary is so Very Hard to Do", in *There's No Such Thing as Free Speech, And It's a Good Thing, Too*, pp. 231–42, New York: Oxford University Press.

—— (1995). *Professional Correctness: Literary Studies and Political Change*, Cambridge, MA: Harvard University Press.

—— (1996). "Them We Burn: Violence and Conviction in the English Department", in James C. Raymond (ed.). *English as a Discipline: Or, Is There a Plot in This Play?*, pp. 160–73, Tuscaloosa, AL: University of Alabama Press.

—— (2008). *Save the World On Your Own Time*, New York: Oxford University Press.

Fiske, John (1989). *Understanding Popular Culture*, Boston: Unwin Hyman.

"Forum: Defining Interdisciplinarity" (1996). *PMLA* 111, 2 (March):

271 – 311.

Foster, Hal (1996). *The Return of the Real: The Avant-Garde at the End of the Century*, Cambridge, MA: MIT Press.

—— (1998). "Trauma Studies and the Interdisciplinary: An Overview", in Alex Coles and Alexia Defert (eds), *The Anxiety of Interdisciplinarity*, pp. 157 – 68, London: BACKless Books.

Foucault, Michel (1970). *The Order of Things: An Archaeology of the Human Sciences*, London: Tavistock.

—— (1972). *The Archaeology of Knowledge*, trans. A. M. Sheridan Smith, London: Tavistock.

—— (1977). *Language, Counter-Memory, Practice: Selected Essays and Interviews*, ed. Donald F. Bouchard, trans. Donald F. Bouchard and Sherry Simon, Ithaca, NY: Cornell University Press.

—— (1979). *Discipline and Punish: The Birth of the Prison*, trans. Alan Sheridan, Harmondsworth: Penguin.

—— (1981). *The Will to Knowledge: The History of Sexuality*, Volume 1, trans. Robert Hurley, Harmondsworth: Penguin.

Frank, Roberta (1988). "'Interdisciplinarity': The First Half Century", in E. G. Stanley and T. F. Hoad (eds), *Words: For Robert Burchfield's Sixty-Fifth Birthday*, pp. 91 – 101, Cambridge: D. S. Brewer.

Freud, Sigmund ([1915] 1973). "Introduction", in James Strachey and Angela Richards (eds), *Introductory Lectures on Psychoanalysis*, trans. James Strachey, pp. 39 – 49, Harmondsworth: Penguin [Penguin Freud Library, vol. 1].

—— ([1925] 1986). "The Resistances to Psychoanalysis", in Albert Dickson (ed.), *Historical and Expository Works on Psychoanalysis*, pp. 263 – 73, Harmondsworth: Penguin [Penguin Freud Library, vol. 15].

Friedan, Betty ([1963] 1992). *The Feminine Mystique*, Harmondsworth: Penguin.

Frow, John (1988). "Discipline and Discipleship", *Textual Practice* 2, 3 (Winter): 307 – 23.

—— (1995). *Cultural Studies and Cultural Value*, Oxford: Clarendon Press.

Gaddis, William (1976). *JR*, London: Jonathan Cape.

Garber, Marjorie (2007). "Presidential Address 2006: It Must Change", *PMLA* 122, 3: 652-62.

Geertz, Clifford (1973). *The Interpretation of Cultures: Selected Essays*, New York: Basic Books.

—— (1983). *Local Knowledge: Further Essays on Interpretive Anthropology*, New York: Basic Books.

Genette, Gérard (1982). *Figures of Literary Discourse*, trans. Alan Sheridan, Oxford: Blackwell.

Graff, Gerald (1989). *Professing Literature: An Institutional History*, Chicago, IL: University of Chicago Press.

—— (1996). "Is There a Conversation in this Curriculum? Or, Coherence Without Disciplinarity", in James C. Raymond (ed.), *English as a Discipline: Or, Is There a Plot in This Play?*, pp. 11-28, Tuscaloosa, AL: University of Alabama Press.

Green, John Richard ([1874] 1915). *A Short History of the English People*, Volume One, London: Dent.

Greenblatt, Stephen (1982). "Introduction", in S. Greenblatt (ed.), *The Power of Forms in the English Renaissance*, pp. 3-6, Norman, OK: Pilgrim Books.

—— (1985). "Invisible Bullets: Renaissance Authority and its Subversion", in Jonathan Dollimore and Alan Sinfield (eds), *Political Shakespeare: New Essays in Cultural Materialism*, pp. 18-47, Manchester: Manchester University Press.

—— (1990). *Learning to Curse: Essays in Early Modern Culture*, NewYork: Routledge.

Gregory, Derek (1994). Geographical Imaginations, Oxford: Blackwell.

Hall, Stuart (1980a). "Cultural Studies and the Centre: Some Problematics and Problems", in Stuart Hall, Dorothy Hobson, Andrew Lowe and Paul Willis (eds), *Culture, Media, Language*, pp. 15-47, London: Hutchins on.

—— (1980b). "Encoding/Decoding", in Stuart Hall, Dorothy Hobson,

Andrew Lowe and Paul Willis (eds), *Culture, Media, Language*, pp. 128-38, London: Hutchinson.

—— (1992). "Cultural Studies and its Theoretical Legacies", in Lawrence Grossberg, Cary Nelson and Paula Treichler (eds), *Cultural Studies*, pp. 277-94, New York: Routledge.

Hall, Stuart, Critcher, Chas, Jefferson, Tony, Clarke, Tony and Roberts, Brian ([1978] 1987). *Policing the Crisis: Mugging, the State, and Law and Order*, Basingstoke: Macmillan.

Hamer, Dean and Copeland, Peter (1995). *The Science of Desire: The Search for the Gay Gene and the Biology of Behaviour*, New York: Simon and Schuster.

Haraway, Donna (1989). *Primate Visions: Gender, Race, and Nature in the World of Modern Science*, New York: Routledge.

—— (1991). *Simians, Cyborgs, and Women: The Reinvention of Nature*, London: Free Association Books.

—— (1997). Modest_Witness@Second_Millennium. *FemaleMan® _Meets_OncoMou-se™: Feminism and TechnoScience*, New York: Routledge.

Hawking, Stephen (1988). *A Brief History of Time: From the Big Bang to Black Holes*, London: Bantam.

Hewitt, Martin (2001). "Victorian Studies: Problems and Prospects?", *Journal of Victorian Culture* 6, 1: 137-61.

Hoggart, Richard ([1957] 1958). *The Uses of Literacy*, Harmondsworth: Penguin.

—— (1970). *Speaking to Each Other*, Volume 2: About Literature, London: Chatto and Windus.

—— (1982). *An English Temper: Essays on Education, Culture and Communications*, London: Chatto and Windus.

—— (1991). *A Sort of Clowning: Life and Times 1940-1959*, Oxford: Oxford University Press.

Hoskin, Keith (1990). "Foucault Under Examination: The Crypto-Educationalist Unmasked", in Stephen J. Ball (ed.), *Foucault and Education: Disciplines and Knowledge*, pp. 29-53, London: Routledge.

Hough, Graham (1964). "Crisis in Literary Education", in J. H. Plumb (ed.), *The Crisis in the Humanities*, pp. 96–109, Harmondsworth: Penguin.

Huggan, Graham (2002). "Postcolonial Studies and the Anxiety of Interdisciplinarity", *Postcolonial Studies* 5, 3: 245–75.

Irigaray, Luce (1993). *Je, Tu, Nous: Toward a Culture of Difference*, trans. Alison Martin, New York: Routledge.

Jameson, Fredric (1981). *The Political Unconscious: Narrative as a Socially Symbolic Act*, London: Methuen.

Jenkins, Keith (ed.) (1997). *The Postmodern History Reader*, London: Routledge.

Johnson, Richard (1996). "What is Cultural Studies Anyway?", in John Storey (ed.), *What is Cultural Studies? A Reader*, pp. 75–114, London: Arnold.

Johnson, Richard (2001). "Historical Returns: Transdisciplinarity, Cultural Studies and History", *European Journal of Cultural Studies* 4, 3: 261–88.

Kant, Immanuel ([1790] 1928). *Critique of Teleological Judgment*, trans. James Creed Meredith, Oxford: Clarendon Press.

—— ([1798] 1992). *The Conflict of the Faculties*, trans. Mary J. Gregor, Lincoln, NB: University of Nebraska Press.

Kerr, Madeline (1958). *The People of Ship Street*, London: Routledge.

Klein, Julie Thompson (1990). *Interdisciplinarity: History, Theory and Practice*, Detroit, MI: Wayne State University Press.

—— (1996). *Crossing Boundaries: Knowledge, Disciplinarities and Interdisciplinarities*, Charlottesville, VA: University Press of Virginia.

Kolocotroni, Vassiliki, Goldman, Jane, and Taxidou, Olga (eds) (1998). *Modernism: An Anthology of Sources and Documents*, Edinburgh: Edinburgh University Press.

Kristeva, Julia (1982). *Powers of Horror: An Essay on Abjection*, trans. Leon S. Roudiez, New York: Columbia University Press.

—— (1984). *Revolution in Poetic Language*, trans. Margaret Waller, New York: Columbia University Press.

—— (1986). "Women's Time", in Toril Moi (ed.), *The Kristeva Reader*, pp. 187 - 213, Oxford: Blackwell.

Kuhn, Thomas S. (1970). *The Structure of Scientific Revolutions*, Chicago, IL: University of Chicago Press, 2nd edn.

Lacan, Jacques (1977a). *Écrits: A Selection*, trans. Alan Sheridan, London: Tavistock.

—— (1977b). *The Four Fundamental Concepts of Psycho-Analysis*, ed. Jacques-Alain Miller, trans. Alan Sheridan, London: Hogarth Press.

LaCapra, Dominick (1989). *Soundings in Critical Theory*, Ithaca, NY: Cornell University Press.

Leavis, F. R. (1948). *Education and the University: A Sketch for an "English School"*, London: Chatto and Windus, 2nd edn.

—— (1962). *Two Cultures? The Significance of C.P. Snow*, London: Chatto and Windus.

—— (1969). *English Literature in Our Time and the University: The Clark Lectures 1967*, London: Chatto and Windus.

—— (1972). *The Common Pursuit*, Harmondsworth: Penguin.

—— (1975). *The Living Principle: "English" as a Discipline of Thought*, London: Chatto and Windus.

—— (1982). *The Critic as Anti-Philosopher*, ed. G. Singh, London: Chatto and Windus.

Leavis, F. R. and Thompson, Denys (1933). *Culture and Environment: The Training of Critical Awareness*, London: Chatto and Windus.

Lefebvre, Henri (1991a). *Critique of Everyday Life*, Volume 1: Introduction, trans. John Moore, London: Verso.

—— (1991b). *The Production of Space*, trans. David Nicholson-Smith, Oxford: Blackwell.

Lentricchia, Frank (1980). *After the New Criticism*, London: Athlone.

LeVay, Simon (1994). *The Sexual Brain*, Cambridge, MA: MIT Press.

Liu, Alan (1989). "The Power of Formalism: The New Historicism", *ELH: English Literary History* 56, 4 (Winter): 721 - 71.

Locke, John ([1689] 1970). *Two Treatises of Government*, Cambridge: Cambridge University Press.

Lyotard, Jean-François (1984). *The Postmodern Condition: A Report on Knowledge*, trans. Geoff Bennington and Brian Massumi, Manchester: Manchester University Press.

MacKillop, Ian (1997). *F. R. Leavis: A Life in Criticism*, London: Penguin.

Marwick, Arthur (1970). *The Nature of History*, London: Macmillan.

Marx, Karl, and Engels, Friedrich (2002). *The Communist Manifesto*, trans. Samuel Moore, ed. Gareth Stedman Jones, London: Penguin.

Milner, Andrew (1996). *Literature, Culture and Society*, London: UCL Press.

Moi, Toril (1985). *Sexual/Textual Politics: Feminist Literary Theory*, London: Methuen.

Montrose, Louis (1989). "Professing the Renaissance: the Poetics and Politics of Culture", in H. Aram Veeser (ed.), *The New Historicism*, pp. 15–36, New York: Routledge.

Moretti, Franco (1988). *Signs Taken for Wonders*, London: Verso, 2nd edn.

Mulhern, Francis (1981). *The Moment of "Scrutiny"*, London: Verso.

Nietzsche, Friedrich ([1886] 1990). "We Scholars", in *Beyond Good and Evil: Prelude to a Philosophy of the Future*, trans. R. J. Hollingdale, pp. 129–46, Harmondsworth: Penguin.

Ohmann, Richard (1976). *English in America: A Radical View of the Profession*, New York: Oxford University Press.

Olson, Elder (1952). "An Outline of Poetic Theory", in R. S. Crane (ed.), *Critics and Criticism: Ancient and Modern*, pp. 546–66, Chicago, IL: University of Chicago Press.

Ortega y Gasset, José ([1932] 1957). *The Revolt of the Masses*, New York: Norton.

Palmer, D. J. (1965). *The Rise of English Studies: An Account of the Study of English Literature from its Origins to the Making of the Oxford English School*, London: Oxford University Press.

Payne, Michael (1993). *Reading Theory: An Introduction to Lacan, Derrida, and Kristeva*, Cambridge, MA: Blackwell.

Pinker, Steven (2000). *Words and Rules: The Ingredients of Language*, London: Phoenix.

Popper, Karl ([1959] 1972). *The Logic of Scientific Discovery*, London: Hutchinson.

—— (1973). *Objective Knowledge: An Evolutionary Approach*, Oxford: Clarendon Press.

Porter, Dennis (1991). *Haunted Journeys: Desire and Transgression in European Travel Writing*, Princeton, NJ: Princeton University Press.

Porter, Roy (1997). *The Greatest Benefit to Mankind: A Medical History of Humanity*, New York: Norton.

Pratt, Mary Louise (1992). *Imperial Eyes: Travel Writing and Transculturation*, New York: Routledge.

Ransom, John Crowe (1938). "Criticism, Inc.", in *The World's Body*, pp. 327–50, New York: Scribner's.

Readings, Bill (1996). *The University in Ruins*, Cambridge, MA: Harvard University Press.

Reichenbach, Hans (1951). *The Rise of Scientific Philosophy*, Berkeley, CA: University of California Press.

Richards, I.A. (1926). *Principles of Literary Criticism*, London: Routledge and Kegan Paul, 2nd edn.

—— (1935). *Science and Poetry*, London: Kegan Paul, Trench, Trubner and Co., 2nd edn.

Robinson, Eric and Powell, David (eds) (1984). *Oxford Authors: John Clare*, Oxford: Oxford University Press.

Rorty, Richard (1989). *Contingency, Irony and Solidarity*, Cambridge: Cambridge University Press.

—— (1991). *Consequences of Pragmatism: Essays, 1972–80*, Brighton: Harvester.

Rosen, Harold (1981). *Neither Bleak House nor Liberty Hall: English in the Curriculum*, London: Institute of Education.

Said, Edward ([1978]1995). *Orientalism*, Harmondsworth: Penguin.

Saussure, Ferdinand de ([1916] 1966). *Course in General Linguistics*, eds Charles Bally, Albert Sechehaye and Albert Riedlinger, trans. Wade

237

Biskin, New York: McGraw-Hill.

Segal, Lynne (1999). *Why Feminism?*, Cambridge: Polity Press.

Segal, Robert A. (2009). "Crossing Borders Can Lead to Gold – But so Can Digging Deep", *Times Higher Education*, 18 June: 24 – 5.

Shelley, Mary ([1818] 1994). *Frankenstein, or the Modern Prometheus*, ed. Marilyn Butler, Oxford: Oxford University Press.

Sinfield, Alan (1985). "Give an Account of Shakespeare and Education", in Jonathan Dollimore and Alan Sinfield (eds). *Political Shakespeare: New Essays in Cultural Materialism*, pp. 134 – 57, Manchester: Manchester University Press.

—— (1989). *Literature, Politics and Culture in Postwar Britain*, Oxford: Blackwell.

—— (1992). *Faultlines: Cultural Materialism and the Politics of Dissident Reading*, Oxford: Clarendon Press.

—— (1994a). *Cultural Politics-Queer Reading*, London: Routledge.

—— (1994b). *The Wilde Century*, London: Cassell.

Snow, C.P. ([1959] 1993). *The Two Cultures*, intro. by Stefan Collini, Cambridge: Cambridge University Press.

Soja, Edward W. (1989). *Postmodern Geographies: The Reassertion of Space in Critical Social Theory*, London: Verso.

Sokal, Alan (1996a). "Transgressing the Boundaries: Toward a Transformative Hermeneutics of Quantum Gravity", *Social Text* 46/47 (Spring/Summer): 217 – 52.

—— (1996b). "A Physicist Experiments with Cultural Studies", *Lingua Franca* (May/June): 62 – 4.

Sokal, Alan and Bricmont, Jean (1998). *Intellectual Impostures: Postmodern Philosophers' Abuse of Science*, London: Profile.

Sosnoski, James J. (1995). *Modern Skeletons in Postmodern Closets: A Cultural Studies Alternative*, Charlottesville, VA: University Press of Virginia.

Steele, Tom (1997). *The Emergence of Cultural Studies, 1945 – 1965: Cultural Politics, Adult Education and the English Question*, London: Lawrence and Wishart.

Swartz, David (1997). *Culture and Power: The Sociology of Pierre Bourdieu*, Chicago, IL: University of Chicago Press.

Thompson, E.P ([1963] 1980). *The Making of the English Working Class*, Harmondsworth: Penguin.

—— (1978). *The Poverty of Theory and Other Essays*, London: Merlin Press.

Toulmin, Stephen (1972). *Human Understanding, Volume One: General Introduction and Part One*, Oxford: Clarendon Press.

Vico, Giambattista ([1709] 1965). *On the Study Methods of Our Time*, trans. Elio Gianturco, Indianapolis, IN: Bobbs-Merrill.

Warner, Michael (1993). "Introduction", in M. Warner (ed.), *Fear of a Queer Planet: Queer Politics and Social Theory*, pp. vii – xxxi, Minneapolis, MN: University of Minnesota Press.

Warner, William B. and Siskin, Clifford (2008). "Stopping Cultural Studies", *Profession*: 94 – 107.

Wellek, René and Warren, Austin (1949). *Theory of Literature*, London: Jonathan Cape.

White, Hayden (1978). *Tropics of Discourse: Essays in Cultural Criticism*, Baltimore, MD: Johns Hopkins University Press.

—— (1995). "Response to Arthur Marwick", *Journal of Contemporary History* 30, 2 (April): 233 – 46.

Williams, Raymond ([1958] 1961). *Culture and Society, 1780 – 1950*, Harmondsworth: Penguin.

—— ([1961] 1965). *The Long Revolution*, Harmondsworth: Penguin.

—— (1973). *The Country and the City*, London: Chatto and Windus.

—— ([1976] 1988). *Keywords: A Vocabulary of Culture and Society*, London: Fontana.

—— (1977). *Marxism and Literature*, Oxford: Oxford University Press.

—— (1989). *Resources of Hope: Culture, Democracy, Socialism*, London: Verso.

Willis, Paul (1977). *Learning to Labour: How Working Class Kids Get Working Class Jobs*, London: Saxon House.

Wilson, Edward O. (1978). *On Human Nature*, Cambridge, MA: Harvard University Press.

—— (1980). *Sociobiology: The Abridged Edition*, Cambridge, MA: Harvard University Press.

—— (1994). *The Diversity of Life*, Harmondsworth: Penguin.

—— (1999). *Consilience: The Unity of Knowledge*, London: Abacus.

Wimsatt, W.K. Jr ([1954] 1970). *The Verbal Icon: Studies in the Meaning of Poetry*, London: Methuen.

Young, Michael and Wilmott, Peter (1957). *Family and Kinship in East London*, London: Routledge.

Zukin, Sharon (1995). *The Cultures of Cities*, Cambridge, MA: Blackwell.

图书在版编目(CIP)数据

跨学科：人文学科的诞生、危机与未来/(英)乔·莫兰(Joe Moran)著；陈后亮，宁艺阳译.—南京：南京大学出版社，2023.4(2023.9重印)
书名原文：Interdisciplinarity
ISBN 978-7-305-26715-4

Ⅰ.①跨… Ⅱ.①乔… ②陈… ③宁… Ⅲ.①人文科学－研究 Ⅳ.①C

中国国家版本馆 CIP 数据核字(2023)第 029690 号

出版发行	南京大学出版社
社　　址	南京市汉口路22号　　邮　编 210093
出 版 人	王文军

书　　名	跨学科：人文学科的诞生、危机与未来
著　　者	〔英〕乔·莫兰
译　　者	陈后亮　宁艺阳
责任编辑	甘欢欢
照　　排	南京紫藤制版印务中心
印　　刷	江苏扬中印刷有限公司
开　　本	880 mm×1230 mm　1/32　印张 8.125　字数 169 千
版　　次	2023年4月第1版　2023年9月第2次印刷
ISBN	978-7-305-26715-4
定　　价	58.00 元

网　　址	http://www.njupco.com
官方微博	http://weibo.com/njupco
官方微信	njupress
销售咨询	(025)83594756

* 版权所有，侵权必究
* 凡购买南大版图书，如有印装质量问题，请与所购图书销售部门联系调换

Interdisciplinarity
2nd Edition
by Joe Moran / 9780415560078

Copyright © 2010 Joe Moran

Authorized translation from English language edition published by Routledge, part of Taylor & Francis Group LLC

All rights reserved.

本书原版由 Taylor & Francis 出版集团旗下，Routledge 出版公司出版，并经其授权翻译出版。版权所有，侵权必究。

Nanjing University Press is authorized to publish and distribute exclusively the Chinese (Simplified Characters) language edition. This edition is authorized for sale throughout Mainland of China. No part of the publication may be reproduced or distributed by any means, or stored in a database or retrieval system, without the prior written permission of the publisher.

本书中文简体翻译版授权由南京大学出版社独家出版并限在中国大陆地区销售。未经出版者书面许可，不得以任何方式复制或发行本书的任何部分。

Copies of this book sold without a Taylor & Francis sticker on the cover are unauthorized and illegal.

本书封面贴有 Taylor & Francis 公司防伪标签，无标签者不得销售。

江苏省版权局著作权合同登记　图字：10-2021-486号